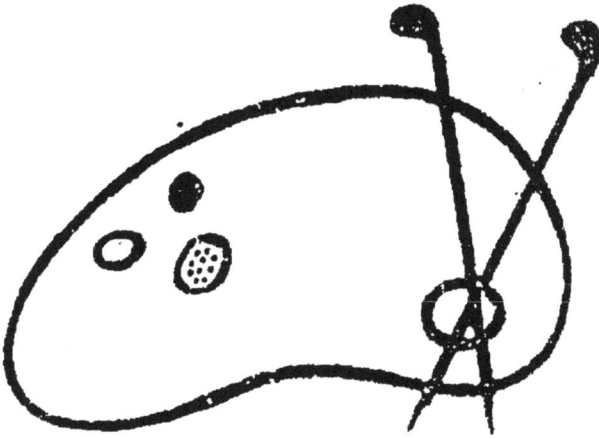

**Couvertures supérieure et inférieure
en couleur**

MARIE
DE LANGEVILLE

OU

LA RÉSIGNATION CHRÉTIENNE

PAR

STÉPHANIE ORY

TOURS

ALFRED MAME ET FILS

ÉDITEURS

BIBLIOTHÈQUE
DE LA JEUNESSE CHRÉTIENNE

FORMAT PETIT IN-8°

Adolphe, ou Comment on se corrige de l'étourderie, par Et. Gervais.

Aïssé, ou la jeune Circassienne, par Marie-Ange de T***.

Anselme, par Étienne Gervais.

Aventures d'un Florin (les), racontées par lui-même.

Baron de Chamilly (le), par Étienne Gervais.

Bastien, ou le dévouement filial, par Mme Césarie Farrenc.

Batelière de Venise (la), par Mlle Louise Diard.

Bonnes lectures (les), Souvenirs et récits authentiques, par F. Cassan.

Clémentine, ou l'Ange de la réconciliation, par Marie-Ange de T***.

Conquérants célèbres (les), par M. de Chavannes.

Corbeille de Fraises (la), par Marie-Ange de T***.

Dessus du Panier (le), histoires pour la jeunesse, par Jean Grange.

Directrice de Poste (la), par Marie-Ange de T***.

Dumont d'Urville, par F. Joubert.

Elisabeth, ou la Charité du pauvre récompensée, par M. d'Exauvillez.

Éloi, ou le Travail, par Et. Gervais.

Euphrasie, ou l'Enfant abandonnée, par Marie-Ange de T***.

Excursion en Syrie, en Palestine et en Égypte, par le R. P. du Fougerais, de la compagnie de Jésus.

Exilées de la Souabe (les), par Mlle Louise Diard.

Famille de Montaubert (la), par Félix Joubert.

Fanny et Léonore, par Mme Valentine Vattier.

Fille du Docteur (la), par Marie-Ange de T***.

Fille du Meunier (la), ou les Suites de l'ambition, par Mlle L. Diard.

Henriette, ou Piété filiale et dévouement fraternel, par Stéphanie Ory.

Histoires comtemporaines, par Joseph de Margal.

Jacques Blinval, ou l'Ami chrétien, par J.-N. Tribaudeau.

Judith, ou l'une des Mille Merveilles de la Providence, par M. l'abbé Henry, directeur général au petit séminaire de Langres.

Louise Leclerc, par Marie-Ange de T***.

Lucia Cesarini, par Mme de Labadye.

Madame de Gévrier, ou la Pénélope chrétienne, par Marie-Ange de T***.

Marianne, ou le dévouement, par Marie-Ange de T***.

Marie de Langeville, ou la Résignation chrétienne, par Stéph. Ory.

Navigation aérienne (la), par Arthur Mangin.

Pape Benoît XIII (le), 1724-1730, par J. Chantrel.

Parmentier, par Fr. Joubert.

Pêcheur de Penmarck (le), par E. Bossuat.

Proverbes et Nouvelles, par Jean Grange.

Récits américains, par M. Xavier Marmier, de l'Académie française.

Richard-Lenoir, par Fr. Joubert.

Tante Marguerite (la), par Marie-Ange de T***.

Térésa, par E. Bossuat.

Trésor de la Maison (le), par Maurice Barr.

Trois Cousins (les), ou le Prix du temps, par Théophile Ménard.

Variétés industrielles, par Arthur Mangin.

Vauquelin, par Fr. Joubert.

Victor Dutaillis, par Fr. Joubert.

Vierge des campagnes (la), ou Vie de la bienheureuse Oringa, par M. l'abbé Henry.

Vœu exaucé (le), suivi des Deux mariées, par Maurice Barr.

Tours. — Impr. Mame.

BIBLIOTHÈQUE

DE LA

JEUNESSE CHRÉTIENNE

APPROUVÉE

PAR Mᵍʳ L'ARCHEVÊQUE DE TOURS

—

SÉRIE PETIT IN-8o

Jeannette s'avança, tenant son bouquet à la main. (P. 14.)

MARIE
DE LANGÉVILLE

OU

LA RESIGNATION CHRÉTIENNE

PAR

STÉPHANIE ORY

—

NOUVELLE ÉDITION

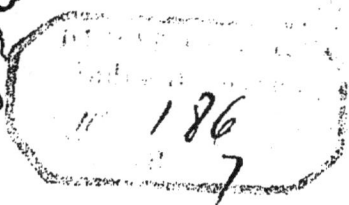

TOURS

ALFRED MAME ET FILS, ÉDITEURS

—

M DCCC LXXVI

MARIE
DE LANGEVILLE

CHAPITRE I

Le bouquet de fête.

Depuis trois jours, le château de Langeville était
tout en émoi. Le vieux régisseur, M. Dubreuil, avait
reçu de M. le baron de Langeville une lettre annonçant, pour le 14 août courant, son arrivée avec
Mlle Marie-Antoinette, sa fille, Mme de Monchevreuil,
sa belle-sœur, et deux autres personnes qu'il ne
nommait pas, ajoutant que son intention était de
passer à Langeville le reste de la belle saison. Or,
depuis dix ans, le baron avait cessé d'habiter ce
château, et il n'y avait fait que de rares et courtes
apparitions. Dans ces occasions-là, comme il venait
seul, que même il ne couchait presque jamais, il se
contentait d'une chambre suffisamment entretenue
pour lui servir de pied-à-terre ; mais aujourd'hui qu'il

s'agissait d'un long séjour avec des hôtes et sans
doute de nombreux domestiques, il fallait songer à
mettre en état tous les grands et les petits appartements; et comment pouvoir y parvenir en si peu de
temps? Telle était la réflexion que M. Dubreuil adres-
sait à sa femme, après lui avoir lu la lettre. « En
vérité, ajoutait-il, Monsieur s'imagine sans doute
que nous avons ici toutes les ressources qu'on trouve
à Paris, tandis que c'est tout au plus si nous pour-
rions réunir dans le village, surtout pendant la
saison où nous sommes, un nombre suffisant de
femmes pour laver, nettoyer, balayer les corridors
et les escaliers, seul ouvrage encore que je voudrais
leur confier; car aucune ne serait en état de frotter
les appartements, et bien moins de se charger du
nettoyage des glaces, des pendules, des étagères, etc.
Si du moins il était possible d'aller à la ville voisine
chercher tout ce qui nous manque; mais le temps
d'aller, de réunir les ouvriers nécessaires, de les
ramener ici, ce sera l'affaire de deux jours, et Monsieur arrive le 14, c'est-à-dire dans trois jours!
Comment faire? je te le demande, toi qui prétends
n'être jamais embarrassée de rien.

— Je n'ai pas cette prétention, répondit Mme Dubreuil d'un ton doctoral; dans tous les cas, si je
l'avais, il y aurait entre nous deux cette différence,
que rien ne m'embarrasserait, et que toi tu t'em-
barrasses d'un rien. En effet, pourquoi te tourmenter
des préparatifs à faire au château pour recevoir
M. le baron et ses hôtes? Est-ce qu'il te charge de

cette commission? Il ne t'en dit pas un mot; tandis
que les autres fois, quand il t'annonçait son arrivée
ici pour quelques heures seulement, ou pour une
journée au plus, il avait toujours la précaution de te
dire dans sa lettre: « Ayez soin, monsieur Dubreuil,
« de me tenir ma chambre prête, comme à l'ordi-
« naire. » Il est donc probable que M. le baron a
pris ou prendra les précautions convenables pour la
circonstance, et qu'il n'a jamais eu l'intention de te
charger d'une besogne impossible. »

M. Dubreuil, un peu calmé par les réflexions de
sa femme, se mit à relire la lettre d'un bout à l'autre
avec plus d'attention qu'il ne l'avait fait la première
fois. « C'est vrai, dit-il après en avoir pesé toutes
les expressions, qu'il ne me parle pas de faire préparer les appartements; il me recommande seulement de faire balayer soigneusement l'écurie pour
recevoir ses chevaux, qui arriveront deux jours avant
lui. Ah! voici une autre recommandation que je
n'avais pas remarquée d'abord: « Mon cher Dubreuil,
« dites au jardinier qu'il ait soin de garnir de fleurs
« les vases du grand salon, et de préparer un cer-
« tain nombre de jolis bouquets, que sa fille Jean-
« nette, accompagnée de quelques-unes des anciennes
« élèves de Mme Dubreuil, choisies par celle-ci,
« offriront à ma fille pour lui souhaiter sa fête; car
« je tiens à célébrer cette fête comme nous le fai-
« sions autrefois avant qu'elle partît pour le cou-
« vent. Elle a conservé un précieux souvenir de ces
« heureux temps de son enfance; elle parle sans

« cesse de Jeannette, sa sœur de lait, et des autres
« petites de son âge qui recevaient des leçons de
« Mme Dubreuil. Elle sera enchantée de les revoir
« toutes, ainsi que d'embrasser votre femme, qu'elle
« appelle toujours ma tante Dubreuil. »

— Et moi donc, s'écria avec attendrissement
Mme Dubreuil, serai-je heureuse de la revoir ! Comme
elle doit être grande et belle, cette chère enfant,
que j'ai vue si petite !... On dit que c'est le portrait de
sa mère ; en ce cas ce doit être une personne accomplie... Et quand je pense que c'est moi qui lui
ai appris à lire, qui lui ai donné les premières notions de grammaire et les premières leçons de catéchisme !... Et dire qu'aujourd'hui c'est une grande
demoiselle, très-instruite, et qui pourrait m'en
remontrer !... »

Remarquons en passant que c'était là un grand
aveu échappé à l'amour-propre de Mme Dubreuil, car
elle avait la prétention d'être une savante du premier
ordre ; le fait est qu'elle ne manquait pas d'une certaine instruction qu'elle savait faire valoir habilement
aux yeux de son entourage, composé de gens simples
et plus ou moins ignorants, qui presque tous, à
commencer par son mari, la regardaient comme un
oracle. Aussi celui-ci ne faisait-il jamais rien sans la
consulter, et c'était elle qui, en réalité, régissait et
administrait le domaine de Langeville ; M. Dubreuil
n'était que son premier commis.

« Eh bien ! ma bonne, reprit M. Dubreuil quand
sa femme eut terminé sa tirade, que penses-tu qu'il

faille faire, puisque tu crois que je n'ai pas à m'occuper des appartements du château?

— Il faut aller immédiatement trouver le père
Blaisois, le jardinier, lui communiquer les ordres
de M. le baron, lui dire de se mettre sur-le-champ
avec ses deux garçons à balayer les écuries, et de
m'envoyer en même temps sa fille Jeannette, car je
veux lui faire apprendre un compliment qu'elle réci-
tera à Mademoiselle; et certes, elle n'a pas trop de
temps pour cela, avec sa tête aussi dure qu'elle est
légère.

— Mais si le père Blaisois et ses garçons sont em-
ployés à balayer les écuries, comment pourront-ils
cueillir des fleurs et préparer les bouquets?

— Comment vous, un homme raisonnable, pouvez-
vous me faire une pareille question? Si l'on cueillait
les fleurs aujourd'hui, ne seraient-elles pas outra-
geusement fanées dans trois jours? Il ne faudra s'occuper de cette besogne que le matin même du jour
de l'arrivée de M. le baron. »

Convaincu que sa femme avait raison, comme toujours, M. Dubreuil s'empressa d'aller exécuter ses
ordres. Pendant ce temps-là, Mme Dubreuil s'installa
à son secrétaire, et se mit à travailler à la composi-
tion du compliment que Jeannette devait réciter à
sa sœur de lait.

Elle n'avait pas encore terminé cette œuvre im-
portante, quand elle fut interrompue par un bruit
formidable de chevaux et de voitures qui entraient
dans la cour du château. C'était le maître d'hôtel de

M. le baron, qui arrivait avec un énorme fourgon et deux voitures de déménagement remplies de meubles. Il amenait avec lui une escouade de tapissiers, de frotteurs, de valets, qui se mirent aussitôt en besogne et transformèrent l'intérieur du château comme par enchantement. Le lendemain arrivèrent les chevaux et les voitures de maîtres, avec les cochers, les palefreniers, un chef de cuisine et ses deux aides. Tout ce monde se mit à travailler avec ardeur, chacun dans sa spécialité, et ce mouvement donnait au château, silencieux la veille, une animation qu'il n'avait pas connue depuis de longues années.

Au milieu de ce tumulte, M. Dubreuil allait, venait, courait de la cave au grenier, de la cuisine au salon; et quoiqu'il ne fît rien, qu'il ne fût chargé de rien, il se donnait un mal incroyable, comme si toute la responsabilité de la besogne eût roulé sur lui seul. C'était la véritable mouche du coche.

Enfin, le 14, à onze heures du matin, le facteur rural lui remit une lettre de M. le baron ainsi conçue : « Nous partons de Paris par le train express de dix « heures du matin; nous arriverons à la station voi- « sine de Langeville à quatre heures dix minutes. « Prévenez mes gens de s'y trouver avec les voitures, « afin que nous soyons rendus au château entre cinq « et six heures. » Cette fois il redoubla d'activité, et en un instant il eut transmis la nouvelle, non-seulement à tout le château, mais même à tout le village.

Mme Dubreuil, de son côté, s'était donné beaucoup

de peine pour organiser comme elle l'entendait la petite troupe de jeunes filles qui devaient présenter les bouquets à Mlle de Langeville. Ce n'étaient plus les enfants dociles d'autrefois, qu'un seul de ses regards faisait trembler; c'était une demi-douzaine de jeunes paysannes de dix-huit à vingt ans, rieuses, folâtres, passablement moqueuses, et qui se prêtaient gauchement aux exigences de Mme Dubreuil, sur la manière dont elles devraient se tenir, marcher, faire la révérence et présenter avec grâce leurs bouquets. Jeannette lui avait donné plus de mal encore que les autres : jamais elle n'avait pu apprendre plus de dix lignes du compliment que sa marraine, car Mme Dubreuil était sa marraine, — avait composé pour elle; et ce compliment avait deux grandes pages et était tout rempli d'allusions, d'allégories et autres fleurs de rhétorique. Il avait fallu raccourcir ce chef-d'œuvre, et, au grand chagrin de l'auteur, le réduire à de mesquines proportions, pour le faire entrer dans l'étroit cerveau de celle qui devait le débiter.

A cinq heures et un quart, les voitures entrèrent dans la cour du château, au milieu des acclamations des paysans rassemblés par les soins de M. Dubreuil, et au bruit des décharges des fusils des gardes forestiers du domaine.

Au moment où Mlle de Langeville descendit de voiture, Mme Dubreuil s'avança avec ses jeunes filles et lui dit : « Permettez-moi, Mademoiselle, d'avoir l'honneur de vous présenter mes anciennes élèves et les premières compagnes de votre enfance.

— Je suis bien aise de les voir, et vous aussi, Madame, répondit en souriant gracieusement Mlle Marie de Langeville; c'est une heureuse idée que vous avez eue, et dont je vous remercie, de m'avoir, dès mes premiers pas dans ce château, mis en présence de personnes de connaissance et dont j'ai conservé un excellent souvenir.

— Allons, Jeannette, avance, » dit Mme Dubreuil.

Et Jeannette s'avança, tenant son bouquet à la main, le visage rouge comme une cerise; elle fit une courte révérence, et, les yeux baissés, elle commença ainsi : « Mademoiselle, ce nous est un grand honneur de venir en ce jour..., en ce jour solennel..., en ce jour de fête... » Et la pauvre fille s'arrêta sans pouvoir aller plus loin, malgré les coups de coude de Mme Dubreuil, qui lui soufflait la suite de son compliment, quand tout à coup Mlle de Langeville, souffrant de son embarras, s'écria avec un entrain joyeux : « Comment! c'est toi, ma chère Jeannette, ma bonne petite sœur; mais viens donc que je t'embrasse! » Et, sans lui donner le temps de répondre à cet appel, elle l'embrassa elle-même avec effusion. Jeannette répondit d'abord timidement, puis avec plus d'abandon à ces caresses cordiales. « Allons, continua Mlle de Langeville, entre nous il ne faut pas tant de cérémonies... N'es-tu pas toujours ma sœur de lait? Je n'ose plus dire ma petite sœur; car maintenant tu es grande, plus grande que moi, et j'aurais eu de la peine à te reconnaître, si Mme Dubreuil ne t'avait pas nommée. » Puis se tournant vivement vers celle-ci, qui se tenait un peu à l'écart : « Et vous, ma bonne tante, voulez-vous me permettre de vous embrasser ?

— Mademoiselle, répondit gravement Mme Dubreuil, c'est une permission semblable que j'allais avoir l'honneur de vous demander.

— En ce cas, accordons-nous-la bien vite, » reprit en riant Mlle de Langeville et en embrassant son ancienne institutrice. Puis elle embrassa successivement les autres jeunes filles, qu'elle reconnut toutes, à l'exception d'une seule dont la petite vérole avait entièrement changé les traits, ce qui l'avait fait surnommer *la Grêlée*.

Un accueil si franc, si gracieux, dissipa en un instant l'embarras et la contrainte que ressentaient ces jeunes filles. Leurs figures s'épanouirent, leurs yeux s'animèrent, et toutes, par un mouvement spontané, tendant leurs bouquets à Mlle de Langeville, s'écrièrent d'une seule voix : « Vive Mlle Marie ! » Celle-ci parut vivement émue de ces témoignages d'affection; alors Jeannette, remise de son trouble et excitée en secret par Mme Dubreuil, demanda la permission de réciter son compliment, si malencontreusement interrompu dès le début. Mlle de Langeville aurait volontiers dispensé sa sœur de lait de cette corvée; mais elle comprit qu'elle affligerait l'auteur de ce morceau d'éloquence, et elle se résigna à subir la prose de son ancienne institutrice débitée par la bouche de Jeannette. Comme nos lectrices n'ont pas le même motif qu'elle pour l'écouter ou pour le lire, nous nous dispenserons de reproduire ce compliment.

Quand Jeannette eut fini de le réciter, Mlle Marie l'embrassa de nouveau; puis elle dit à ses anciennes compagnes : « Je vous remercie bien sincèrement, mes bonnes amies, de vos jolis bouquets et des souhaits que vous m'adressez à l'occasion de ma fête. Je n'ai pas oublié que c'est ici, et que c'est de vous, que j'ai reçu pour la première fois de pareils hommages en semblable solennité. Dieu et la sainte Vierge, ma puissante patronne, ont sans doute exaucé vos vœux; car depuis ce temps je n'ai qu'à me louer des faveurs et des grâces dont le Ciel m'a comblée. J'espère qu'il en sera de même des vœux que vous faites aujourd'hui pour moi, et que long-temps encore, comme le disait tout à l'heure Jeannette dans son joli compliment, vous les renouvellerez chaque année, à pareil jour. Je me recommande donc à vos bonnes prières, demain surtout pendant la grande fête du triomphe de Marie; unissons nos prières à celles de l'Église en ce jour solennel, et espérons avec confiance qu'elles seront exaucées comme elles l'ont été déjà. Mes bonnes amies, ajouta-t-elle en souriant, pour faire revivre les bonnes coutumes d'autrefois, je vous invite, après les offices du soir, à venir au château prendre part au banquet que j'avais jadis l'habitude de vous offrir pour payer ma fête. Je serai heureuse de me retrouver au milieu de vous, et de nous amuser ensemble comme nous

le faisions dans ces temps heureux de notre enfance.
Ma bonne tante Dubreuil voudra bien vous amener
toutes, et présider, comme elle avait coutume de le
faire, à notre joyeuse réunion. »

Alors elle salua les jeunes paysannes de son sourire le plus gracieux en l'accompagnant de ces deux
mots : « A demain. » Et elle alla rejoindre son père
et les autres personnes de la société, qui étaient
restés témoins muets de la petite scène que nous venons de raconter.

Les jeunes filles se retirèrent le cœur gonflé de
joie et d'une sorte d'orgueil bien légitime, d'entendre
une si belle et si noble personne leur parler avec
tant de bonté, d'affabilité, et les traiter de camarades et d'amies comme si elles eussent été ses pareilles.

« L'as-tu reconnue tout de suite? disait l'une des
jeunes filles à Jeannette; pour moi, j'avoue que je
m'attendais toujours à voir ce visage mutin, hâlé
comme les nôtres par le soleil, et que quand je me
suis trouvée devant cette figure si fraîche, si écla-
tante de beauté, j'ai été éblouie, et je ne la reconnaissais plus; ce n'est qu'en entendant sa douce voix,
plus douce cependant et plus grave qu'autrefois, que
je me suis dit : C'est bien elle.

— Oh! moi, répondit Jeannette, bien sûr que je
l'ai reconnue tout de suite; mais ce n'est pas étonnant, vu que nous avons été élevées ensemble, et
que jusqu'à l'âge de huit à neuf ans nous ne nous
sommes presque pas quittées. Cependant j'avoue

qu'elle est bien changée, à son avantage toutefois;
mais ça n'empêche pas que ceux qui n'ont pas vécu
avec elle comme moi peuvent bien ne pas la reconnaître du premier abord.

— C'est vrai, observa une autre, qu'elle est bien
changée. Elle est bien plus grande et bien plus belle
qu'autrefois; mais elle a toujours ses grands yeux
bleus, ses lèvres roses et souriantes, un petit signe
au milieu de la joue gauche, et un autre au-dessous
de l'œil droit, et rien qu'à cela je l'aurais reconnue.

— Pour moi, dit Toinon, celle qu'on avait surnommée la Grêlée, ce n'est ni aux traits du visage,
ni à ses yeux, ni à des signes particuliers que je l'ai
reconnue; mais c'est à sa bonté, à son affabilité, à
la douceur de son langage. Elle ne m'a dit que deux
mots en m'embrassant, et j'ai vu tout de suite qu'elle
était toujours la même, ni fière ni dédaigneuse envers moi, comme le sont tant d'autres qui sont bien
loin de la valoir.

— Tiens, de qui donc veux-tu parler? dit Louise
Robichon, jeune fille au frais visage et à l'air passablement éveillé et lutin; qui donc est fier et dé-
daigneux à ton égard? Est-ce notre faute à nous si tu
n'entends pas la plaisanterie et si tu te fâches quand
on t'appelle la Grêlée? C'est la faute à tes parents,
qui ont négligé de te faire vacciner. »

Un éclat de rire suivit cette boutade; les jeunes
paysannes, après s'être donné rendez-vous pour le
lendemain, se séparèrent gaiement, à l'exception de
Toinon, qui regagna tristement son logis.

CHAPITRE II

Le baron de Langeville.

M. le baron de Langeville avait environ quarante-cinq ans. C'était ce qu'on peut appeler un parfait gentilhomme, soutenant dignement un nom distingué, et usant honorablement d'une immense fortune. A l'âge de vingt-cinq ans il avait épousé Mlle Mélanie de Monchevreuil, jeune personne aussi remarquable par sa beauté que par ses vertus; jamais union ne parut mieux assortie: naissance, fortune, sympathie mutuelle, tout paraissait devoir concourir au bonheur des deux époux et en assurer la durée. Effectivement, pendant les deux ans que subsista cette union, pas un nuage n'en troubla la sérénité; et la naissance d'un enfant, arrivée au bout de dix-huit mois, vint encore resserrer de si doux liens. Mais le bonheur ne saurait être durable sur la terre;

Mme de Langeville, qui avait toujours été languis-
sante depuis ses couches, mourut au bout de six
mois, et au moment où sa santé semblait sur le point
de se raffermir.

Nous n'essaierons pas de décrire la douleur de son
mari; cette tâche serait au-dessus de nos forces.
Après avoir rendu les derniers devoirs à sa femme,
il partit pour son château de Langeville, où l'appelaient un devoir sacré et la seule affection qui l'at-
tachât encore à la vie. C'était là, en effet, qu'avait
été mise en nourrice son enfant, ce fruit précieux
d'une union sitôt rompue. Quelques instants avant
sa mort, Mme de Langeville avait fait promettre à son
mari de veiller lui-même avec soin sur leur fille,
et de ne pas s'en séparer avant qu'elle eût atteint
l'âge d'entrer en pension.

Ce dernier désir d'une femme bien-aimée, ce vœu
d'une mourante était trop bien d'accord avec ses
propres sentiments, pour qu'il ne songeât pas à le
remplir avec l'exactitude la plus scrupuleuse. Il
vint donc s'enfermer au château de Langeville, et y
passa huit années, sans autre société que celle de
son enfant, du curé de la paroisse et des gens attachés au service du château. Dans les premiers temps,
sa douleur était sombre, muette, et semblait d'autant plus incurable qu'elle était moins expansive. Il
passait des heures entières à contempler sa fille
endormie, ou, quand elle était éveillée, à chercher
sur son visage ou dans ses yeux quelque ressemblance avec sa mère. S'il croyait en avoir trouvé, sa

figure s'épanouissait un instant, on eût pu croire qu'il allait sourire ; mais presque aussitôt il poussait un profond soupir ; ses yeux mouillés de larmes s'élevaient vers le ciel, comme s'il y eût cherché l'image chérie dont quelques traits venaient de lui apparaître dans un berceau ; puis il les reportait vers la terre, et restait plongé des heures entières dans un profond accablement.

De temps en temps le curé de Langeville, vénérable ecclésiastique, qui depuis plus de trente ans exerçait le saint ministère dans cette paroisse, venait visiter le châtelain, et tâchait de lui faire goûter quelques-unes de ces consolations que la religion seule peut donner ; car la religion a des consolations pour toutes les peines, pour toutes les souffrances, pour toutes les misères de la vie.

M. de Langeville, quoique élevé dans des principes religieux, quoique ayant épousé une femme d'une piété exemplaire, avait, au milieu de l'entraînement des passions de la jeunesse, abandonné la pratique de ses devoirs religieux ; et même, cédant aux sophismes des prétendus philosophes d'une certaine école, sa foi avait été fortement ébranlée.

Les paroles du vénérable pasteur ne firent sur lui, au premier abord, aucune impression. Le digne curé s'en aperçut, mais il ne se découragea point ; il revint à la charge, avec précaution toutefois, avec discrétion, mais avec persévérance, et il finit par se faire écouter. Le baron fut touché de ces grandes pensées, de ces sublimes vérités que le prêtre puisait

tout à la fois et dans son cœur rempli de charité, et
dans l'Évangile, où les destinées de l'homme sont
écrites sous la dictée de Dieu lui-même, il se sentit
peu à peu ému, attendri ; et enfin, comme vaincu, il
s'écria :

« O mon père ! vous avez fait luire dans mon âme
le premier rayon de consolation et d'espérance qui y
ait pénétré depuis que j'ai perdu ma compagne bien-
aimée. Grâces vous en soient rendues !

— Ou plutôt, reprit vivement le prêtre, grâces
en soient rendues à Dieu ! Car c'est lui, n'en doutez
pas, qui a daigné envoyer sur vous son esprit conso-
lateur pour éclairer votre âme et toucher votre
cœur. Priez-le maintenant avec ferveur ; unissez vos
prières à celles de cette épouse que vous regrettez,
et qui, ayant fait une sainte mort, est probablement
admise au séjour des bienheureux, où elle prie pour
vous au pied même du trône de l'Éternel.

— Oh ! que cette pensée est consolante et belle de
pouvoir nous réunir un jour pour l'éternité avec
ceux que nous avons le plus aimés sur la terre ! Cette
idée seule me ferait aimer la religion chrétienne, et
me déterminerait à y croire s'il me restait encore
des doutes.

— Cette pensée, monsieur le baron, reprit le
curé, peut être salutaire, mais elle ne suffit pas ; il
faut y joindre avant tout l'amour de Dieu, le désir
ardent de vous unir à lui, et d'être uni en lui et par
lui à ceux que vous aurez aimés sur la terre, et qui
auront mérité d'être admis au nombre de ses élus.

Mais pour y parvenir vous avez de grands devoirs à remplir ici-bas. Je ne parlerai aujourd'hui que de ceux qui regardent votre enfant. Vous avez reporté sur elle une partie de l'affection que vous aviez pour sa mère. Eh bien! songez que cette mère est aujourd'hui un ange qui prie dans le ciel pour vous et pour sa fille, et qui demande à Dieu de vous réunir à elle tous les deux; mais pour cela il faut que vous vous en rendiez digne, et que vous disposiez votre enfant, cet autre ange que vous avez là près de vous dans ce berceau, à s'en rendre digne à son tour. Préparez-vous donc à lui apprendre à connaître Dieu, dès que son âme sera en état de le comprendre; apprenez-lui à l'aimer, à l'adorer, à le prier; et comme les meilleurs préceptes sont ceux que donne l'exemple, aimez Dieu vous-même par-dessus tout, priez-le avec ferveur, remplissez avec une exactitude scrupuleuse ses commandements et ceux de son Église. Votre fille, frappée de ces leçons en quelque sorte vivantes, sera portée naturellement, je dirais presque invinciblement à les imiter. L'étude de la religion deviendra pour elle un besoin, et ses pratiques seront sa joie; c'est ainsi que vous l'aurez préparée à s'unir un jour, au sein de Dieu, aux parents de qui elle avait reçu le jour sur la terre. »

Le baron, entraîné par les exhortations du digne ecclésiastique, revint sincèrement à la religion, qu'il avait plutôt négligée que complètement abandonnée. Il se mit dès lors à prier avec ferveur, et bientôt le calme succéda à l'état d'accablement et de désespoir

dans lequel il avait vécu depuis la mort de sa femme;
puis il trouva dans les sacrements de la pénitence et
de l'Eucharistie une nouvelle et inépuisable source
de consolations. En peu de temps, de chrétien tiède
et indifférent qu'il était, il devint un sujet d'édifi-
cation pour toute la paroisse.

Cette heureuse transformation amena d'autres résultats avantageux. D'après les conseils de M. le
curé, qui comprenait que l'inaction et l'oisiveté ne
peuvent être que dangereuses à tout âge et dans
toutes les conditions sociales, il se livra à des occupations sérieuses, qui, tout en lui procurant de salutaires distractions, produisirent des effets utiles à
lui-même et à la nombreuse population répandue sur
ses domaines. Ces occupations consistaient à visiter
chaque jour quelques-unes de ses fermes, à s'informer de la situation particulière de chaque famille,
de ses besoins, de ses ressources, des améliorations
à apporter à la culture des terres dont elle était
chargée, etc. Il était accompagné ordinairement dans
ces excursions par M. Dubreuil, son régisseur, qui
lui donnait des renseignements utiles sur tout ce
qui avait rapport à l'exploitation et aux produits de
ses domaines; car, nous devons le reconnaître,
si M. Dubreuil n'était pas un savant comme sa
femme, s'il n'avait pas autant de décision et de
fermeté dans le caractère, il avait en agriculture
des connaissances théoriques et pratiques, qui,
jointes à un grand fonds de probité, en faisaient un
régisseur précieux. Il apprit aussi dans ces prome-

nades à connaître le nombreux personnel attaché à
l'exploitation de ses biens ; il eut occasion de donner
des éloges et des encouragements, quelquefois d'a-
vertir paternellement, et même de blâmer avec sévé-
rité, mais avec justice, presque toujours de distribuer
des secours à propos. Ces rapports fréquents entre
le noble seigneur et ses tenanciers de toute nature,
comme on aurait dit autrefois, étaient devenus de
plus en plus bienveillants d'une part ; plus faciles, je
dirais presque plus familiers de l'autre, sans cesser
d'être respectueux.

Six mois ne s'étaient pas écoulés depuis le séjour
du baron au château de Langeville, que son nom
était répété avec reconnaissance d'un bout à l'autre
de la paroisse ; car il ne s'était pas borné à faire le
bien aux seules personnes attachées plus ou moins
directement à ses domaines, tous les pauvres de la
commune avaient eu part indistinctement à ses bienfaits. Pour lui, son âme s'était retrempée au contact
de la nature et de la vie champêtre. Éclairé et guidé
par les nouvelles lumières qu'il avait reçues de la
religion, il avait compris que l'homme riche a autre
chose à faire que de dépenser ses revenus en folles
et inutiles profusions ; il avait compris que la fortune, comme la noblesse, oblige, et qu'il est pour le
chrétien qui jouit de cette fortune des devoirs particuliers à remplir, s'il veut amasser des trésors dans
le ciel, et que ses biens terrestres ne soient pas un
obstacle à son bonheur éternel.

Avec de pareilles dispositions, le baron de Langeville prit goût à un genre de vie si nouveau pour lui, qui n'avait, pour ainsi dire, jamais quitté Paris, et n'avait fréquenté que le grand monde. Il s'intéressa aux travaux des champs ; il s'intéressa surtout à ceux qui les cultivent, et s'habitua à considérer comme ses frères en Jésus-Christ ces hommes que les préjugés sociaux lui avaient présentés comme inférieurs à lui.

Au milieu des préoccupations de son esprit, les plaies de son cœur s'étaient cicatrisées ; mais ce qui contribua surtout à le guérir et à ramener un peu de joie dans son âme, ce fut de voir son enfant croître, se fortifier, et lui offrir en grandissant l'image vivante de sa mère. Avec quelle avidité il recueillit ses premières caresses ! Avec quels transports il écouta ses premières paroles, les premières expressions de sa pensée naissante, les premiers épanchements de son cœur !...

Il voulut être son premier précepteur, lui apprendre à prononcer avec respect le nom de Dieu, à faire le signe de la croix, et à lui adresser, le matin en s'éveillant, et le soir en se couchant, une prière à portée de sa jeune intelligence.

A mesure que cette intelligence se développait, et que le corps prenait de l'accroissement, des soins plus assidus, plus réguliers, devenaient nécessaires. M. de Langeville jugea que le moment était venu de donner à sa fille une institutrice ou une gouvernante capable de seconder ses vues et de l'aider, sous sa surveillance, à commencer l'éducation de cette enfant. Ce fut alors qu'il jeta les yeux sur Mme Dubreuil, la femme de son régisseur, dans laquelle il crut avoir trouvé les qualités nécessaires à remplir ses vues. Depuis plusieurs années elle avait fait en quelque sorte ses preuves. Le village manquait de maitresse d'école ; Mme Dubreuil offrit d'en remplir gratuitement les fonctions, en attendant que la commune eût pu se procurer une institutrice. Pendant trois à quatre ans elle s'acquitta de cet emploi à la satisfaction générale des parents, et elle le remplissait encore lorsque M. de Langeville vint habiter son château, après la mort de sa femme. Quand celui-ci, après les premiers temps consacrés à sa douleur, s'occupa, comme nous l'avons vu, de ses propres affaires et de celles du pays, une de ses premières pensées fut de pourvoir la paroisse de Langeville de deux maisons d'école, l'une pour les garçons, l'autre pour les filles, et de mettre à la tête de chacune d'elles un instituteur et une institutrice choisis avec soin. Lui seul, bien entendu, se chargea des frais de ces deux établissements, et offrit à Mme Dubreuil un traitement convenable si elle voulait continuer une tâche qu'elle avait si généreusement entreprise et si honorablement remplie ; mais elle refusa, sous prétexte que son mari avait besoin d'elle pour la tenue de ses livres, et que l'école, lui prenant tout son temps, la forçait de laisser en souffrance les affaires et les comptes de la régie ; que, d'un autre côté, la salle où se tenait l'école étant éloignée de plus de deux kilomètres du château où elle résidait, ce trajet quotidien qu'il fallait faire quelquefois par des temps affreux, surtout en hiver, devenait par trop fatigant pour elle; qu'enfin elle ne s'était chargée de cette besogne, encore plus fastidieuse que pénible, que provisoirement et pour rendre service à la commune, et avec l'intention bien formelle d'y renoncer aussitôt qu'on aurait trouvé une institutrice en titre.

Le baron n'insista pas, la loua même de son dévouement, et s'occupa immédiatement de lui trouver une remplaçante pour l'école du village. Dès lors il eut souvent l'occasion de reconnaître les qualités réelles de cette femme, qui était intelligente, bonne, pieuse, et qui n'avait d'autres défauts qu'un peu de roideur dans le caractère, et un peu de ce pédantisme prétentieux qui lui eût fait donner le nom de *précieuse* du temps de l'hôtel Rambouillet. Il songea donc à elle, comme nous l'avons dit, pour donner à sa fille la première instruction. Il ne fut pas détourné de son projet par les défauts de cette dame, parce que sa fille, gâtée par sa nourrice et par les bonnes attachées à son service, peut-être par son père lui-même, avait besoin d'être placée sous l'autorité d'une personne grave qui lui imposât par son ton sérieux et même un peu froid, et à ce point de vue les défauts de M⁰ᵉ Dubreuil devenaient, en quelque sorte, des qualités. D'ailleurs il serait toujours là pour surveiller avec soin la manière dont serait exercée la portion d'autorité qu'il lui confiait, et pour en régler l'usage à l'occasion.

Lorsque le baron proposa à la femme de son régisseur de vouloir bien être, au moins pendant quelque temps, l'institutrice et la gouvernante de son enfant, l'amour-propre de Mme Dubreuil fut singulièrement flatté. Elle eut toutes les peines du monde à réprimer le mouvement de joie intérieure qu'elle ressentit; mais, toujours maîtresse d'elle-même, elle ne témoigna la satisfaction qu'elle éprouvait qu'en prenant un air plus grave, et en répondant avec une sorte de dignité et d'une voix solennelle : « Je suis très-touchée, monsieur le baron, de l'honneur que vous me faites, malgré mon peu de mérite. Je n'ai d'autre moyen de vous en témoigner ma reconnaissance qu'en apportant dans l'exercice des fonctions que vous daignez me confier tout le zèle et tout le dévouement dont je suis capable. A défaut d'autres qualités, je puis garantir que celles-ci ne me manqueront pas; puissent-elles suppléer à celles que je n'ai pas le bonheur de posséder ! »

Le baron eut de la peine à réprimer un sourire en entendant cette réponse alambiquée, suite de l'habitude qu'avait prise cette femme de toujours *poser* (pour nous servir d'un néologisme fort usité de nos jours), au lieu de s'exprimer naturellement et avec simplicité.

Quand on annonça à la petite Marie que Mme Dubreuil allait être sa gouvernante, elle en fut modérément flattée; elle aimait fort peu cette dame, et sa première réponse fut : « Non, je ne veux pas, moi, elle me fait peur. » Son père eut toutes les peines du monde à vaincre sa répugnance, et encore il n'y

parvint qu'à la condition que Jeannette, sa sœur de
lait et sa première camarade d'enfance, recevrait en
même temps qu'elle les leçons de Mme Dubreuil.

Cet arrangement ne plut d'abord qu'à demi à
l'institutrice ; mais bientôt elle reconnut que c'était
un moyen d'émulation pour son élève, et elle sut le
mettre habilement à profit. Ce succès décida même
à joindre deux, puis quatre, puis jusqu'à cinq camarades à Jeannette ; cela composa une petite classe
d'élite qui recevait la même instruction primaire que
la fille de M. le baron, et qui souvent prenait part à
ses récréations. Nous disons une classe d'élite ; car
il est bien entendu que les jeunes filles qui y étaient
admises avaient été choisies parmi celles de l'âge de
Marie qui montraient les plus heureuses dispositions
de docilité et d'intelligence. Toutes appartenaient à
des fermiers ou à des familles attachées depuis de
longues années au service du château. M. de Langeville avait voulu que sa fille, en apprenant
de bonne heure à connaître et à aimer des enfants
tenant à des familles depuis longtemps au service
de la sienne, formât dès son enfance un lien
d'affection pour d'anciens serviteurs dévoués à sa
maison. C'était en même temps pour ceux-ci un
grand honneur que de voir leurs enfants admises
dans l'intimité de la seule héritière du maître, et un
puissant motif de redoubler d'attachement pour lui
et pour tous les siens.

C'est dans cette espèce d'école particulière que
la petite Marie de Langeville apprit à lire assez cou-

ramment, à écrire un peu, à dire ses prières, et qu'elle reçut les leçons élémentaires du catéchisme et de l'histoire sainte. Ce n'était pas autre chose, on le voit, que l'instruction primaire ordinaire. Mme Dubreuil aurait bien voulu pousser son élève plus loin, sous prétexte, disait-elle à son père, qu'elle était douée d'une intelligence très-remarquable et très-précoce, et qu'elle répondait de lui faire faire des progrès rapides. M. de Langeville s'y opposa énergiquement, et déclara de la manière la plus formelle que, pour le moment, il ne voulait pas que sa fille reçût d'autres leçons que celles que recevaient ses camarades; qu'il se garderait bien de fatiguer sa mémoire et son esprit d'une instruction trop substantielle pour son âge; qu'il serait au désespoir d'en faire un de ces petits prodiges de précocité qui deviennent plus tard des nullités complètes; enfin, que son but principal, en l'élevant pendant ses premières années à la campagne, d'après l'avis des meilleurs médecins, était de fortifier sa santé, de développer ses forces physiques, en ne donnant à son esprit que la culture indispensable à son âge.

Mme Dubreuil se soumit, tout en se disant que ce n'était guère la peine, dans ce cas, de lui donner une gouvernante de sa capacité, et qu'une institutrice vulgaire eût suffi à une pareille besogne.

Cependant le but du baron de Langeville était atteint. Sa fille, dont la santé s'était montrée d'abord frêle et délicate, était devenue peu à peu presque aussi robuste que ses compagnes, dont elle partageait

les jeux et les exercices. Son intelligence s'était également développée, et son institutrice, qu'elle appelait tante Dubreuil, prétendait que la vivacité de
son esprit, la sûreté de son goût et la justesse de son
jugement étaient extraordinaires pour son âge, et
que c'était vraiment dommage que son père ne lui
permît pas de perfectionner de si précieuses qualités.

Telle n'était point l'intention du baron ; seulement
il voulait attendre que l'heure fût venue de compléter l'éducation morale de son enfant. Lorsqu'il
jugea le moment arrivé, qu'il vit sa fille à huit ans
jouir d'une santé parfaite, il annonça qu'il allait
l'emmener à Paris, et la placer dans un des meilleurs couvents consacrés à l'éducation des jeunes
personnes.

Quoique depuis longtemps Mᵐᵉ Dubreuil dût s'attendre à cet événement, elle n'en fut pas moins
vivement affectée; d'abord, disons-le à sa louange,
parce qu'elle s'était attachée à Marie, et que son
départ allait laisser un grand vide dans son cœur,
puis aussi parce que son amour-propre était froissé
de ce qu'on ne voulait pas lui laisser continuer son
œuvre. « N'aurais-je pas pu aussi bien qu'une autre,
disait-elle à son mari, achever cette éducation ?

— C'est vrai, répondait en soupirant M. Dubreuil,
tu en étais bien capable; mais, que veux-tu, il n'y
a rien de bien que ce qui se fait à Paris, et M. le
baron a là-dessus les mêmes préjugés que tous les
gens de sa classe. »

Marie, de son côté, éprouva un vif chagrin de quitter Langeville. Son cœur aimant s'était attaché à toutes les personnes qui s'étaient trouvées en rapport avec elle : Mme Dubreuil elle-même, qui lui avait inspiré tant de répugnance autrefois, avait facilement réussi à gagner son affection. Mais c'était surtout sa sœur Jeannette et ses jeunes compagnes qu'elle regrettait; elle versa d'abondantes larmes en les embrassant, et leur promit de ne pas les oublier. Nous avons déjà vu qu'elle avait tenu parole.

Cependant le chagrin ne saurait être de longue durée à cet âge. La distraction du voyage, le désir de voir Paris, dont on lui avait conté tant de merveilles, et surtout la présence de son père, qui ne négligeait aucun moyen de l'égayer, eurent bientôt dissipé sa tristesse.

La transition de cette vie libre des champs à la vie réglée du couvent eut lieu avec plus de facilité que ne l'avait espéré son père. Il est vrai qu'elle trouva dans ses nouvelles compagnes de jeunes amies qui contribuèrent à lui faire paraître moins dures, dans les commencements surtout, les exigences du règlement; elle trouva aussi dans les dames religieuses des soins touchants, éclairés, sympathiques, qui gagnèrent son cœur, et une fois en possession de l'affection de ses compagnes et de ses maîtresses, il eût été difficile qu'elle s'ennuyât dans sa nouvelle demeure.

Nous ne dirons rien de son séjour au couvent, sinon que les dix années qu'elle y passa répondirent constamment à cet heureux début ; et quand elle en sortit à dix-huit ans, Marie-Antoinette de Langeville était citée comme un modèle accompli de grâce, de beauté et de vertu. Ajoutons à ces qualités une fortune immense, une naissance des plus distinguées, et l'on comprendra qu'elle entrait dans la vie sous les conditions les plus favorables ; selon toutes les apparences, pour en assurer le bonheur.

CHAPITRE III

Mᵐᵉ de Monchevreuil, Ernestine de Boisfleury, Mˡˡᵉ Ursule Dauphin,
ou la tante, la cousine et la gouvernante.

Ce n'avait été qu'après de longues réflexions que
M. de Langeville s'était décidé au pénible sacrifice
de se séparer de sa fille pendant de si longues années.
Si sa femme eût vécu, ni l'un ni l'autre n'auraient
eu la pensée d'élever loin d'eux leur enfant; car ils
pensaient que pour une fille, lorsque les circonstances le permettent, l'éducation de famille, donnée
par une mère vigilante, est toujours la meilleure.
Mais puisqu'il avait le malheur d'être veuf, il lui eût
fallu prendre chez lui une gouvernante, une étrangère pour remplir les fonctions de mère auprès de
son enfant, et, quelle que fût l'excellence du choix
qu'il aurait pu faire, il avait compris que ce mode
d'éducation offrait, dans la situation particulière où
il se trouvait, une foule inévitable d'inconvénients.

Il s'était donc décidé pour l'éducation publique, dans une de ces maisons religieuses qui se consacrent à cette noble et pénible profession, et qui ont rendu et rendent tous les jours de si grands services à la société et à la religion. Seulement, en éloignant de lui son enfant, il était bien entendu que cette séparation ne serait pas absolue; qu'il la verrait le plus souvent possible, soit au parloir, soit en l'emmenant avec lui les jours de sortie et pendant les vacances. De cette manière il suivait avec un vif intérêt et une tendre sollicitude le développement de ses facultés morales, l'accroissement de ses forces physiques, les progrès de sa raison et l'épanouissement des nobles sentiments qui remplissaient son âme; ainsi il avait le bonheur de juger par lui-même que les bons témoignages qu'il recevait sur le compte de son enfant n'étaient ni flattés ni exagérés.

Pendant son séjour au couvent, Marie de Langeville comptait, on peut le dire, autant d'amies que de compagnes. Elle n'avait en réalité de préférence pour aucune, à l'exception, toutefois, des deux personnes dont nous allons parler, qui, avec sa tante de Monchevreuil, composaient la société qui l'avait accompagnée au château de Langeville.

L'une, Ernestine de Boisfleury, était du même âge à peu près que Marie; elle était sa cousine à un degré assez éloigné, du côté maternel, ce qui faisait qu'elle était aussi parente de Mme de Monchevreuil, qu'elle appelait sa tante. Ernestine était orpheline de mère comme Marie; cette conformité de situation, jointe à leur parenté, avait contribué à leur liaison, qui devint intime presque en se formant. Par suite de cette liaison de leurs enfants, MM. de Langeville et de Boisfleury, qui ne se connaissaient que fort peu, et n'avaient jamais eu que de ces relations de politesse obligées entre petits-cousins par alliance, se rapprochèrent, se virent assez souvent, conçurent l'un pour l'autre une mutuelle estime, et s'unirent bientôt d'une étroite amitié.

Ernestine était un peu plus petite que Marie; c'était une fort jolie brune, aux yeux et aux cheveux noirs, avec un teint presque aussi frais que celui de la blonde Marie. Elle était plus gaie, plus vive, plus folâtre que Marie, qui pourtant était loin d'être triste et mélancolique, mais qui savait toujours contenir l'expression de sa joie dans les bornes prescrites par les convenances. Du reste, Ernestine, comme Marie, était ornée des plus heureuses qualités, et il était assez difficile de dire laquelle des deux méritait la préférence. Toutes deux avaient des talents remarquables : Ernestine, douée d'une voix admirable de contralto, était beaucoup plus forte musicienne que Marie; mais celle-ci avait pour le dessin un goût et un talent dont n'approchait pas sa cousine. Il était encore un art dans lequel toutes deux excellaient : c'était la danse; ceci paraîtra étonnant chez de jeunes pensionnaires à peine échappées du couvent, et qui n'avaient étudié cet art que comme faisant partie des exercices gymnastiques et hygiéniques nécessaires à une éducation complète.

Quoi qu'il en soit, elles avaient pris pour la danse un goût prononcé, et elles désiraient vivement que l'occasion se présentât pour elles de faire briller ce talent dans le monde. D'où leur venaient ce goût et ce désir qui contrastaient si fort avec les principes d'éducation qu'elles avaient reçus et dont elles étaient réellement pénétrées? C'est ce que nous aurons bientôt l'occasion d'apprendre.

L'autre personne qui avait accompagné Marie à Langeville, et pour laquelle elle ressentait aussi une profonde amitié, se nommait Ursule Dauphin. Ce n'était pas pour elle une camarade avec qui elle eût les rapports d'âge, de parenté, de caractère, qui existaient entre elle et Ernestine; cependant elle l'aimait presque autant que cette dernière, et de plus elle avait pour elle un respect pour ainsi dire filial.

Mlle Dauphin, comme on l'appelait dans la famille, avait une dizaine d'années de plus que les deux cousines. Elle achevait son éducation au couvent lorsque celles-ci y entraient. N'ayant qu'une fortune très-médiocre, qu'elle avait sacrifiée en partie à son éducation, elle avait eu d'abord l'intention de se faire religieuse; elle avait même été admise au rang des postulantes; mais elle avait sans doute reconnu qu'elle n'avait pas une vocation suffisante pour le cloître, car elle y avait renoncé avant d'entrer au noviciat. Elle avait alors formé le projet de se consacrer à l'enseignement, soit public, soit particulier, et dans ce but elle avait passé, d'une manière brillante, les différents examens de capacité qui lui donnaient le droit d'exercer la profession de maîtresse de pension.

Vers cette époque, M. de Langeville, qui venait de faire entrer sa fille au couvent, témoigna à Mme la supérieure le désir de placer auprès de la petite Marie une espèce de gouvernante ou de mentor, ni trop âgée, ni trop jeune, capable de gagner sa confiance tout en prenant sur elle un certain ascendant, connaissant les règles de la maison, pour l'accoutumer doucement à s'y conformer, assez instruite enfin pour lui servir de répétiteur, et la faire arriver au même degré de connaissances qu'un grand nombre d'autres élèves de son âge qui étaient beaucoup plus avancées qu'elle. Inutile d'ajouter que ce sujet devait être avant tout de mœurs irréprochables et d'une piété sincère et exemplaire.

« Ce que vous me demandez là, monsieur le baron, répondit en souriant la supérieure, est un phénix assez difficile à trouver ; cependant, par un heureux hasard, ou plutôt par un effet de la Providence, je crois avoir sous la main un sujet remplissant toutes les conditions que vous désirez. » Alors elle lui parla d'Ursule Dauphin, lui raconta son histoire, et il résulta de cet entretien qu'une heure après Ursule était présentée au baron, acceptée par lui, et placée immédiatement auprès de sa fille, avec mille francs d'appointements la première année, qui devaient s'augmenter de cinq cents francs chaque année, jusqu'à ce qu'ils eussent atteint trois mille francs. De plus, le baron s'engageait à payer sa pension au couvent, où elle résiderait en qualité de pensionnaire libre et de professeur externe.

Mlle Dauphin n'était pas jolie; sa figure était commune, mais elle respirait la bonté, la candeur, la modestie. Elle avait à dix-huit ans une gravité que souvent n'ont pas des personnes de trente ans; mais cette gravité n'avait rien de repoussant et n'inspirait que le respect; elle était d'ailleurs tempérée par une douce gaieté que donnent la sérénité de l'âme et la pureté de la conscience. Elle était fort instruite; mais loin de faire parade de sa science, selon l'habitude des demi-savants et même de bon nombre de ceux qui le sont réellement, elle s'efforçait en quelque sorte de la cacher sous le voile de la modestie. Ajoutons enfin que son excellent caractère l'avait fait chérir de toutes les personnes avec lesquelles elle s'était trouvée en relation pendant son séjour au couvent.

Nous ne surprendrons donc pas nos lecteurs en disant qu'en peu de temps Mlle Dauphin eut gagné la confiance et l'affection de Marie de Langeville, à qui, de son côté, elle s'attacha sincèrement. Quand Marie eut fait la connaissance d'Ernestine, elle voulut qu'elle devînt aussi l'élève de sa nouvelle gouvernante. Ernestine ne demandait pas mieux; mais il fallait le consentement du père, de Mme la supérieure et de Mlle Dauphin. Grâce aux vives sollicitations des deux cousines, cet obstacle fut promptement levé, et dès lors Mlle Dauphin eut deux élèves au lieu d'une. Pendant tout le temps que dura leur éducation, elle apporta dans l'accomplissement d'une tâche parfois difficile et toujours délicate un dévouement et un zèle qui ne se démentirent pas un instant. Elle avait pris ses fonctions au sérieux ; elle les remplissait en conscience et avec joie, comme on s'acquitte d'un devoir qui nous plaît. Aussi son succès avait été aussi complet que possible. Sous son habile direction, les deux cousines étaient devenues les élèves les plus distinguées du pensionnat. Les parents ne savaient comment lui témoigner leur reconnaissance, et sa modestie eut plus d'une fois à souffrir des éloges qu'elle reçut d'eux. Sa plus douce récompense était dans l'affection que lui avaient conservée ses élèves, et qui semblait s'accroître avec les années. Ce n'était point cette amitié vive et familière, cette sorte de camaraderie qu'inspirent les rapports d'âge, de caractère, de position sociale ; elles éprouvaient pour Mlle Dauphin toute la tendresse qu'on peut ressentir pour une sœur aînée, tempérée par le respect qu'imposent la gravité du caractère, une piété fervente, une profonde instruction. En lui adressant la parole, elles l'appelaient *bonne amie;* souvent, en parlant d'elle, Marie l'appelait son *ange gardien;* « car, disait-elle, elle m'a préservée de tomber dans bien des fautes et de contracter de mauvaises habitudes. » Quoiqu'il régnât entre elles une certaine familiarité, elle n'avait jamais dégénéré en un trop grand laisser-aller. Ainsi jamais Marie et Ernestine, qui se tutoyaient entre elles, ne se se-

raient permis de tutoyer Mlle Dauphin, qui, de son
côté, ne les tutoyait jamais. Quelquefois, dans leurs
plus grands accès de familiarité, elles l'appelaient
sœur Ursule, en faisant allusion à sa première vaca-
tion. « Je voudrais bien, leur répondait-elle en
souriant, avoir été jugée digne de porter ce titre ; je
le préférerais de beaucoup à celui de Mademoiselle
ou de Madame.

Quand il fut question de retirer les deux cousines
du couvent, elles supplièrent leurs pères de ne pas
les séparer de *bonne amie*. On obtint sans peine de
celle-ci qu'elle resterait encore quelque temps avec
ses anciennes élèves, au moins jusqu'à leur retour
à Paris. Mlle Dauphin accepta cette proposition sans
trop se faire prier ; car elle éprouvait un véritable
chagrin de se séparer de ses élèves, surtout de sa
chère Marie, qu'elle affectionnait d'une manière
toute particulière. Il fut donc décidé qu'elle passe-
rait l'automne au château de Langeville, et Marie
lui donna à entendre qu'elle espérait bien qu'elles ne
se sépareraient pas encore après leur retour de la
campagne. Mlle Dauphin, sans prendre d'engagement
formel, parut disposée à acquiescer à ce projet, qui
répondait au désir de son cœur.

Il nous reste encore à parler d'un personnage que
nous n'avons fait que nommer en citant un passage
de la lettre de M. le baron, annonçant son arrivée au
château de Langeville pour le 14 août ; il s'agit de
Mme de Monchevreuil, qui jouera un rôle assez important dans ce récit.

Mme de Monchevreuil était la sœur aînée de Mme de Langeville, mais d'un autre lit, car leur mère avait été mariée deux fois : en premières noces avec un M. de Boisfleury, proche parent du père d'Ernestine, et en secondes noces avec M. de Monchevreuil. De son premier mariage elle avait eu une fille, nommée Louise de Boisfleury, qui épousa plus tard le frère cadet du second mari de sa mère, et devint ainsi elle-même dame de Monchevreuil ; c'est celle dont nous parlons à présent. De son second mariage naquit une autre fille qui reçut le nom de Mélanie ; ce fut l'épouse de M. de Langeville, et la mère de Marie, l'héroïne de cette histoire. Ainsi, celle-ci était doublement la nièce de Mme de Monchevreuil.

Cette dame avait au moins dix ans de plus que sa sœur défunte ; ainsi, à l'époque où nous sommes arrivés, elle touchait à la cinquantaine ; mais, comme elle était encore bien conservée, elle n'en avouait qu'un peu moins de quarante, et ceux qui ne connaissaient pas son âge réel pouvaient sans flatterie la croire sur parole. Il est vrai qu'elle prenait les soins les plus minutieux de sa personne, et les deux femmes de chambre qui l'accompagnaient partout depuis dix ans, auraient pu seules révéler les secrets d'une fraîcheur qui semblait défier les injures du temps. Mais ce qui contribuait surtout à entretenir la bonne santé de Mme de Monchevreuil, et qui lui valait mieux que les plus merveilleux cosmétiques, c'est qu'elle évitait avec le plus grand soin toutes les fortes émotions, et qu'elle se mettait en garde contre

tous les événements qui auraient pu troubler son
âme. Elle avait repoussé de son cœur toutes les affec-
tions trop vives, sous prétexte qu'elle eût été inca-
pable de supporter la perte d'une personne trop
aimée ; elle remerciait Dieu de ne lui avoir point
donné d'enfants, car elle n'aurait pu, disait-elle,
résister aux inquiétudes et aux soucis que lui eût
occasionnés le moindre dérangement dans leur santé.
Personne, disait-elle, et cela était vrai, ne pouvait
se douter du chagrin que lui avait causé la mort de
sa sœur, Mme de Langeville ; aussi avait-elle été
obligée, pour se distraire de sa douleur, d'aller passer une saison aux eaux de Bade et de faire un voyage
en Italie. C'est aussi pour le même motif qu'elle était
restée plusieurs années sans vouloir voir son beau-
frère, qu'elle savait inconsolable, ni sa nièce Marie,
parce que, disait-elle, la vue de l'un ou de l'autre lui
rappellerait trop vivement le souvenir de sa sœur
bien-aimée.

Il est vrai que cela ne l'avait pas empêchée d'aller
dans le monde, dans les soirées, aux concerts, aux
spectacles ; seulement elle le faisait avec modération,
car en tout elle évitait avec soin les excès. Elle suivait aussi avec assez de régularité les offices de la
paroisse ; elle assistait avec plaisir aux sermons des
prédicateurs en vogue ; elle donnait, même largement, à toutes les quêtes de charité ; mais elle se
serait bien gardée d'aller visiter elle-même le pauvre
dans son triste logis, s'informer de ses besoins. La
vue des souffrances et de la misère lui eût donné su

les nerfs, et la pensée seule des émanations qui se répandent autour du pauvre malade lui soulevait le cœur.

Cependant, quand M. de Langeville, après huit ans d'absence, revint à Paris pour placer sa fille au couvent, il ne put se dispenser de faire une visite à sa belle-sœur, et de lui présenter Marie, qu'elle n'avait jamais vue. Mme de Monchevreuil fit un accueil gracieux à son beau-frère et à sa fille; elle trouva celle-ci charmante, l'embrassa tendrement, et répéta à plusieurs reprises qu'elle ressemblait trait pour trait à leur chère Mélanie. Rien ne pouvait plaire davantage à M. de Langeville, et il sut gré à sa belle-sœur de cette remarque qu'il avait faite souvent lui-même, mais qu'il était parfois tenté de prendre pour une illusion de son cœur.

À partir de cette époque, des relations fréquentes s'établirent entre le beau-frère et la belle-sœur. Elle vint souvent visiter au couvent ses deux petites nièces; elle leur témoigna, et surtout à Marie, un attachement plus vif qu'elle ne le ressentait en effet, et que son égoïsme ne pouvait le comporter; de son côté, Marie se prit à aimer sa *bonne tante* avec toute la naïveté et la sincérité de son âge et de son cœur.

M. de Langeville, qui avait peu vécu dans le monde, se laissa facilement tromper sur le caractère de sa belle-sœur, d'autant plus qu'il croyait trouver en elle, quoique à un degré beaucoup plus faible, quelques-unes des qualités éminentes qui avaient distingué sa femme bien-aimée. Elle profita adroi-

tement de ces dispositions pour s'imposer en quelque
sorte comme le chaperon naturel de sa nièce quand
il s'agirait de la présenter dans le monde. « Votre
fille, lui disait-elle, est destinée par sa naissance et
sa fortune à choisir un époux dans les rangs les plus
élevés de la société; mais l'isolement dans lequel
vous avez vécu depuis la mort de ma pauvre sœur a
rompu toutes vos relations, et votre enfant, malgré
de rares qualités, malgré l'éclat de sa beauté, de sa
naissance, de sa fortune, courrait risque de rester
longtemps ignorée, si elle ne paraissait dans le
monde, dont elle doit faire un des plus beaux orne-
ments. L'hiver prochain, si vous m'en croyez, je la
présenterai dans quelques-unes de mes sociétés; moi-
même j'ouvrirai, à cause d'elle, mon salon, fermé
depuis mon veuvage, et, avant la fin de la saison,
je vous garantis que nous verrons accourir une foule
de prétendants, parmi lesquels vous n'aurez que
l'embarras du choix. Par la même occasion, nous
marierons sa cousine Ernestine, et au printemps
prochain nous célébrerons les deux noces. »

M. de Langeville n'entra pas tout d'abord dans ces
idées; sa fille, disait-il, lui paraissait encore bien
jeune, et sa santé semblait bien délicate pour songer
à la marier sitôt; Marie, de son côté, n'y pensait
guère elle-même, et l'éducation religieuse qu'elle
avait reçue ne lui inspirerait peut-être que de la répugnance pour ces fêtes et ces amusements frivoles
du monde que sa tante voulait lui faire connaître.

« En voulez-vous faire une nonne, une recluse?

reprit vivement Mme de Monchevreuil; si c'est là votre intention, qu'elle reste au couvent, et prenez que je n'ai rien dit.

— Mais non, ma sœur, reprit à son tour le baron, jamais je n'ai eu cette idée, ni Marie non plus; seulement je n'avais jamais songé à présenter ma fille dans le monde avant son mariage; je comptais la laisser au couvent jusqu'à ce qu'il se fût présenté pour elle un établissement convenable, et elle ne serait sortie de pension que pour se marier. Cela se pratiquait ainsi autrefois, et...

— Oui, oui, je sais, interrompit en riant Mme de Monchevreuil, cela se pratiquait ainsi autrefois..., du temps de nos grand'mères..., quand les mamans, ayant encore la prétention de briller et de paraître jeunes, ne voulaient pas se montrer dans le monde avec une grande fille bonne à marier, qui les eût vieillies tout à coup de dix ans... Il y a même encore aujourd'hui quelques personnes qui voudraient faire revivre cet usage ridicule; mais ce sont des gens à idées rétrogrades, ou plutôt ce sont des parvenus qui veulent se donner les airs de singer l'ancienne noblesse; mais cela ne se fait plus chez les gens comme il faut. On a compris qu'il était ridicule, et même souvent dangereux, de transformer ainsi tout d'un coup, sans transition, sans préparation, une petite pensionnaire en maîtresse de grande maison; de la lancer, pour ainsi dire, sans guide et sans boussole sur cette mer qu'on appelle le monde, et qui est aussi fréquente en naufrages que l'Océan. Qu'en dit monsieur de Boisfleury? » ajouta-t-elle en s'adressant à ce dernier, qui avait assisté à cet entretien.

M. de Boisfleury n'avait garde de contredire Mme de Monchevreuil, qu'il appelait respectueusement sa tante, quoiqu'elle ne le fût qu'à la mode de Bretagne, et encore en donnant une certaine élasticité à ce genre de parenté. Mais Mme de Monchevreuil était fort riche et n'avait pas d'enfant; elle était une Boisfleury avant de devenir une Monchevreuil; il lui semblait donc naturel que la portion de sa fortune provenant de la succession paternelle retournât à la famille, ou plutôt à lui-même, qui en était le plus proche représentant; toutefois cela dépendait de la volonté de Mme de Monchevreuil, qui était toujours maîtresse de disposer de son bien en faveur de qui il lui plairait. C'était donc une femme à ménager, et M. de Boisfleury ne négligeait rien pour capter sa bienveillance.

Loin donc de tenir un autre langage qu'elle, il enchérit encore sur la nécessité, pour une jeune personne de bonne famille, d'être initiée aux usages du monde et de la société, avant d'y occuper le rang où un mariage convenablement assorti devra la placer. Ensuite il se confondit en remercîments envers sa bonne tante, qui voulait bien, dans cette circonstance, tenir lieu à sa fille de la mère qu'elle avait perdue, et qui eût été si heureuse et si fière de guider ses pas dans le monde; mais qu'à son défaut elle ne pouvait être plus dignement ni plus convenablement remplacée.

Mme de Monchevreuil accueillit ce compliment avec un sourire de bienveillance, et dit de son ton de voix le plus gracieux : « J'étais sûre, mon neveu, que vous seriez de mon avis, et je suis très-sûrs aussi, ajouta-t-elle en poussant un profond soupir, que si ma pauvre Mélanie vivait encore elle penserait aussi comme moi. »

Cette dernière considération, jetée en quelque sorte comme une exclamation involontaire partie du cœur, fut pour M. de Langeville un plus puissant argument que tous ceux qu'avaient fait valoir sa belle-sœur et son cousin. Il ne fit plus d'objections, et l'on finit par convenir que les deux cousines quitteraient le couvent immédiatement après la distribution des prix ; qu'elles iraient passer à Langeville le reste de la saison avec leur tante, qui profiterait de ce temps-là pour leur donner les premières notions sur la manière de se présenter et de se tenir en société ; qu'on rentrerait à Paris vers la fin de novembre, et qu'alors auraient lieu les débuts sérieux dont il était question.

Cet arrangement eut lieu quelques mois avant les vacances. Mme de Monchevreuil eut soin d'en parler à ses nièces dans une des visites qu'elle leur faisait au couvent. Elle fit briller à leurs yeux l'éclat des fêtes où elle se proposait de les conduire l'hiver prochain, des réunions et des bals auxquels elles ne manqueraient pas d'être invitées, et elle leur recommanda de s'y préparer dès à présent en soignant leur maintien, et en apportant à leurs leçons de danse une attention qui leur permit de se perfectionner dans cet art indispensable.

La communication que leur fit leur tante, et la recommandation qui l'accompagna, produisirent promptement leur effet sur ces têtes de dix-huit ans. Elles ne rêvèrent bientôt que riches toilettes, que brillantes soirées, et ce fut alors que se développa chez elles ce goût prononcé pour la danse, dont nous avons parlé plus haut.

Mais, dira-t-on, quel motif cette femme, qui évitait avec tant de soin tout ce qui pouvait lui occasionner trop de trouble ou d'émotion, avait-elle de se charger d'une responsabilité aussi grande que de se faire le guide et le chaperon dans le monde de deux jeunes filles innocentes et sans expérience? N'était-ce pas assumer une lourde tâche, qui pouvait lui donner beaucoup d'embarras et d'ennuis, et qui dans tous les cas semblait tout à fait opposée au caractère égoïste que nous lui connaissons?

Hélas! ces sortes de contradictions se rencontrent fréquemment dans le monde ; mais ici, hâtons-nous de le dire, la contradiction n'était qu'apparente. Mme de Moncherreuil, rassurée par la bonne éducation et par la vertu de ses nièces, était convaincue que ces jeunes personnes n'avaient aucun danger à courir au milieu des séductions du monde où elle voulait les entraîner. Ce n'était pas non plus uniquement, comme elle l'avait donné à entendre aux deux pères, pour former sous ses yeux leurs filles aux usages de la bonne compagnie qu'elle avait voulu

jouer ce rôle de mentor, toujours difficile, souvent
même assez pénible. Un autre motif qu'elle n'avouait
pas, et que nous n'avons pas la même raison de tenir
caché, avait été la véritable cause d'une détermination qu'elle tâchait de faire passer pour du dévouement, et qui n'était, en réalité, qu'un effet de son
égoïsme.

Mme de Monchevreuil, nous l'avons dit, aimait
beaucoup le monde, et malgré le demi-siècle qui
menaçait de s'appesantir sur sa tête, elle fréquentait
les salons les plus aristocratiques du faubourg Saint-
Germain et du faubourg Saint-Honoré; mais depuis
longtemps son rôle y était à peu près complétement
effacé. Elle ne figurait plus que parmi les anciennes
douairières destinées à passer leurs soirées autour
d'une table de whist. Ce rôle insignifiant l'ennuyait
passablement, et elle songeait au moyen d'en sortir,
quand elle crut l'avoir trouvé en se chargeant de la
présentation de ses nièces. Escortée de deux jeunes
personnes charmantes, bien nées, richement do-
tées, elle se verrait nécessairement l'objet de l'attention et des prévenances d'une foule de grands
parents, de papas, de mamans, d'oncles, de tantes,
qui lui demanderaient la faveur de lui présenter qui
son fils, qui son petit-fils ou son neveu. Les jeunes
gens voudraient à leur tour lui offrir leurs hommages.
Elle écouterait gravement les prétentions des uns
et des autres, pèserait scrupuleusement dans son
esprit les qualités et les défauts de chacun; mais elle
les traiterait tous diplomatiquement, c'est-à-dire

sans laisser pénétrer le fond de sa pensée, jusqu'à ce qu'enfin, d'accord avec ses nièces et leurs pères, on eût fixé les choix. Ce serait au moins l'affaire de toute la saison; et pendant ce temps-là, comme elle serait recherchée, flattée, adulée! Ce serait à en faire crever de dépit Mme telle et telle...; ce serait délicieux! Puis si, comme elle n'en doutait pas, le mariage de ses deux nièces avait lieu au printemps, ce seraient pour l'hiver suivant et pour ceux qui viendraient ensuite deux nouveaux salons toujours ouverts pour elle, où elle trônerait en quelque sorte et par droit de parenté et par droit de reconnaissance. Nous saurons plus tard si les calculs de Mme de Monchevreuil se réalisèrent; en attendant, il est clair que l'égoïsme y tenait une large part.

Maintenant que nos lecteurs connaissent les principaux personnages qui figureront dans cette histoire, nous allons les voir en action.

CHAPITRE IV

La fête de Marie.

Le lendemain de l'arrivée au château de Langeville du baron et de sa famille, la fête de l'Assomption fut célébrée avec une solennité inusitée dans ce
village, et dont le souvenir, après de longues années,
se conserve encore aujourd'hui. Commençons par la
cérémonie religieuse.

M. de Langeville, sa fille, sa nièce, et Mlle Dauphin assistèrent à la grand'messe ; Mme de Monchevreuil, sous prétexte des fatigues que lui avait
occasionnées son voyage de la veille, se dispensa de
les accompagner.

A l'élévation, les deux cousines et Mlle Dauphin
chantèrent en trio un *O salutaris* d'un de nos meilleurs compositeurs. Elles étaient accompagnées par
un petit orgue expressif, dont Mlle Dauphin jouait
parfaitement. Dire l'effet que produisirent sur l'au-

ditoire cette suave mélodie et l'accent ravissant de ces trois voix si fraîches et si pures serait chose impossible. Jeannette caractérisa cet effet par un mot qu'elle dit à sa sœur de lait après la cérémonie : « Oh ! Mademoiselle, nous avons cru entendre la voix des anges ! »

Le soir après vêpres, à la procession du vœu de Louis XIII, les mêmes voix firent entendre de magnifiques cantiques en l'honneur de Marie ; au salut, elles chantèrent le *Salve, Regina,* le *Sub tuum,* et quelques autres motets en rapport avec la solennité du jour. Toute l'assistance était comme en extase en écoutant cette pieuse harmonie, et elle n'en priait qu'avec plus de recueillement et de ferveur.

Le soir, il y eut au château ce que M. de Langeville appelait une réunion de famille. Il y avait convié toutes les notabilités du pays et tous les fermiers de son domaine. De son côté, Marie avait invité toutes ses anciennes compagnes. Il y eut banquet, chants, rondes villageoises, illuminations et feu d'artifice. Ajoutons que les pauvres ne furent pas oubliés, et que dès le matin des distributions extraordinaires leur avaient été faites par les soins des sœurs de Charité, que M. de Langeville avait établies depuis quelques années dans la paroisse. A cette occasion, nous ferons remarquer que le nombre des indigents était très-restreint à Langeville ; il se réduisait à quelques vieillards, à quelques infirmes incapables de travailler, et aux besoins desquels M. le baron faisait pourvoir par l'intermédiaire des sœurs. Quant aux pauvres valides, le régisseur avait l'ordre de ne jamais les laisser manquer d'ouvrage : c'était, selon le baron, la meilleure manière de leur faire l'aumône.

Tout le monde s'amusa beaucoup, à l'exception de Mme de Monchevreuil. Remise de son indisposition, elle avait fait une brillante toilette pour la réception du soir ; elle s'attendait à y rencontrer quelques-unes des châtelaines du voisinage, dont son beau-frère lui avait parlé comme devant lui offrir une société agréable pendant son séjour à la campagne. Mais quel fut son désappointement en ne voyant que des paysans, et, pour toute femme à qui elle pût adresser la parole, Mme Dubreuil, la femme du régisseur ! Elle en fit l'observation *à parte* à son beau-frère, sur un ton qui sentait le reproche. « Je vous demande bien pardon pour cette fois, ma sœur, lui répondit-il ; mais aujourd'hui c'est la fête de ma fille, une fête de famille ; tous ces gens que vous voyez là, je les regarde comme mes enfants ; ce sont d'honnêtes fermiers, attachés de père en fils à notre maison. Quelques-unes de leurs filles, que vous voyez là-bas, auprès de Marie, et il lui montrait un groupe de jeunes villageoises au milieu desquelles se trouvaient Marie, Ernestine, Mlle Dauphin, ont été élevées avec elle jusqu'à son départ pour le couvent, et chaque fois que je me suis trouvé ici à cette époque de l'année, j'ai toujours invité ces braves gens à célébrer avec moi cette fête.

— C'est bien, Monsieur, je ne saurais y trouver à redire; mais je ne serais pas étonnée si Marie, d'après la première éducation qu'elle a reçue et les premières habitudes qu'elle a contractées, n'éprouvait plus de difficulté que je ne l'avais pensé à se plier aux usages du monde quand elle y paraîtra. Voyez avec quel laisser aller elle parle à ces jeunes paysannes; comme toutes ont l'air d'être familières avec elle! Tenez, en voilà une qui lui appuie sans cérémonie la main sur l'épaule et qui lui parle à l'oreille; c'est tout au plus si Ernestine se permettrait cette familiarité en société.

— Ah! dit en souriant le baron, c'est Jeannette, sa sœur de lait, une excellente fille, je vous le garantis, qui aime mon enfant comme si elle était sa sœur réellement, et que Marie aussi aime tendrement.

— C'est très-bien; mais cela ne doit pas autoriser des privautés qu'on pouvait tolérer entre enfants de huit ans, mais qui ne sont plus permises à des jeunes filles de dix-huit ans, quand l'une est une paysanne et l'autre une noble demoiselle. Je ferai là-dessus mes observations à ma nièce, si toutefois vous le trouvez bon.

— Je ne m'y oppose pas, puisque vous voulez bien vous charger de l'initier aux usages du monde; seulement je vous ferai observer que cette familiarité me semble sans importance à présent entre deux enfants qui, élevées ensemble dès leur bas âge, se revoient après une longue séparation. C'eût été de la

part de ma fille une dureté de cœur, une insensibi-
lité impardonnable, que de se montrer fière et dédaigneuse envers une personne qui, pour être d'une
condition inférieure à la sienne, n'en a pas moins
pour elle un attachement et un dévouement qu'elle
ne trouvera pas toujours dans les personnes de son
rang. D'ailleurs le temps, les positions sociales res-
pectives, l'éducation, modifieront bientôt, et à leur
insu, les rapports qui existent entre elles, et leur
imprimeront le caractère qui leur convient.

— Fort bien; mais en attendant que ce changement s'opère, on me laisse, moi, seule ici au milieu
d'étrangers et de paysans, tandis que les deux seules
personnes qui pourraient me tenir compagnie m'a-
bandonnent pour s'occuper de petites villageoises;
j'ignore si cela est bien dans les convenances, mais je
sais que, si je l'avais prévu, je n'aurais pas quitté ma
chambre. Au moins envoyez-moi Ernestine; elle,
elle n'a pas besoin de rester avec ces paysannes qu'elle
n'a jamais connues. »

M. de Langeville s'empressa de satisfaire au désir
de sa belle-sœur; il s'approcha du groupe de jeunes
filles, et fit signe à Ernestine et à Mlle Dauphin d'aller rejoindre Mme de Monchevreuil. Toutes deux
obéirent à l'instant, au regret cependant de la première; elle eût mieux aimé rester avec sa cousine et
ses compagnes; elle s'amuserait mieux qu'auprès de
sa tante, qui paraissait passablement maussade. En
effet, celle-ci la reçut avec assez d'aigreur, et lui dit
d'un air ironique : « Qu'a donc de si intéressant la

conversation de ces filles de village, que vous la pré-
fériez à celle de votre tante? »

Ernestine baissa la tête d'un air confus, et ne répondit rien; alors Mme de Monchevreuil, s'adressant à Mlle Dauphin, lui dit du ton protecteur qu'elle
prenait avec elle quand elle daignait lui parler ce
qui arrivait rarement : « Je pense, Mademoiselle,
que, malgré le silence d'Ernestine, il ne s'est rien
passé d'inconvenant entre ces jeunes paysannes et
mes nièces, puisque vous étiez présente, et que certainement vous ne l'auriez pas souffert.

— Madame peut en être persuadée, répondit la
jeune gouvernante.

— Mais d'où venait cette animation que j'ai remarquée, surtout ces familiarités déplacées que se
permettent quelques-unes de ces paysannes avec
Mlle de Langeville? Ne craignez-vous pas que votre
ancienne élève ne perde quelque chose de la délicatesse de ses sentiments au contact de ces natures
grossières?

— Non, Madame, je n'ai pas cette crainte; il y a
sous ces rudes enveloppes des cœurs francs, des
âmes généreuses et accessibles aux meilleurs sentiments; je ne dis pas qu'il n'y ait pas aussi quelques
défauts qui tiennent principalement au manque d'é-
ducation; mais notre chère Marie, loin de subir la
moindre influence mauvaise de ses rapports avec ses
anciennes compagnes, exerce sur elles un ascendant
heureux, puissant, et qui tend à les corriger de ces
mêmes défauts. Tout à l'heure nous en avons vu,

Mlle Ernestine et moi, un exemple frappant; c'est même là ce qui a occasionné cette animation que vous avez remarquée, et qui a donné lieu aux caresses vives jusqu'à la familiarité dont Mlle de Langeville a été l'objet.

— Ah! contez-moi cela, dit Mme de Monchevreuil; cela sera plus intéressant pour moi que de voir sauter ces paysans, ou de me promener sur la terrasse à la lueur fumeuse des lampions.

— C'est une histoire fort simple, reprit Mlle Dauphin. Une des anciennes compagnes de notre Marie, appelée, je crois, Antoinette ou Toinon Vautrin, a eu le malheur d'être défigurée par la petite vérole. Ses camarades, au lieu de la plaindre, comme cela eût été plus charitable, l'ont surnommée *la Grêlée*. Celle-ci, de son côté, s'est peut-être trop irritée de cette mauvaise plaisanterie, ce qui n'a fait que redoubler la persistance des autres à lui donner un nom qui lui rappelait sans cesse son malheur. Il en est résulté une brouillerie qui dure depuis plusieurs années entre ces anciennes amies, et la pauvre Toinon Vautrin était depuis ce temps-là restée dans l'isolement, comme autrefois les malheureux pestiférés.

« Hier, à notre arrivée, quand toutes ces jeunes filles sont venues offrir leurs bouquets à Mlle Marie, Toinon était du nombre; mais elle fut la seule que Mlle de Langeville ne reconnut pas; il fallut la lui nommer, et elle remarqua qu'elle sanglotait en l'embrassant, en même temps que les autres, ou du moins quelques-unes, souriaient en ricanant.

« Vous connaissez, Madame, toute l'excellence
du cœur de votre nièce; elle fut touchée de cette
douleur, et affectée de l'expression railleuse qu'elle
avait remarquée sur quelques figures. Elle résolut
aussitôt de chercher un moyen d'adoucir ce chagrin
profond, et de donner en même temps une utile le-
çon à celles qui manquaient si cruellement de charité envers une de leurs camarades.

« Ce matin, à l'issue de la grand'messe, elle in-
terrogea Jeannette, sa sœur de lait, et elle a appris
d'elle tous les détails de cette histoire, qu'elle a ra-
contée devant Mlle Ernestine et devant moi. Jeannette ajouta que Toinon n'oserait pas venir ce soir
avec les autres au château, dans la crainte de se
trouver en butte à de nouvelles railleries. « Va lui
dire de ma part, a dit aussitôt Mlle Marie, que je
l'attends une des premières, et qu'elle me contra-
rierait beaucoup si elle ne répondait pas à mon invi-
tation. » En même temps elle lui a expressément
défendu de parler à qui que ce fût, excepté à Toinon, de la conversation qu'elle venait d'avoir à son
sujet.

« Jeannette a fidèlement rempli sa commission.
Toinon est arrivée, non pas une des premières,
mais en même temps que toutes les autres. Mlle Marie
leur a fait à toutes un accueil également gracieux,
puis elle les a fait passer dans la salle où une table
était servie spécialement pour elles. Mlle Marie, qui
en faisait les honneurs, a fait placer Toinon à sa
droite, moi à sa gauche; en face était Mlle Ernestine,

ayant Jeannette à sa droite et Louise Robichon à sa gauche : je vous cite ces noms et cet arrangement parce qu'ils n'avaient pas été faits sans dessein.

« La collation s'est passée gaiement ; Mlle Marie était remplie d'attentions pour toutes indistinctement. Au dessert, elle leur a dit : « Mes bonnes amies, je veux vous faire à toutes un cadeau qui vous rappelle cette grande fête du triomphe de la sainte Vierge, et qui vous engage à la prier souvent pour vous et pour moi. » Et aussitôt elle leur a donné à chacune un fort beau chapelet bénit monté en argent. Après cette distribution, elle a dit : « J'ai encore à ajouter quelque chose aux chapelets ; ce sont de belles gravures représentant l'Assomption de la sainte Vierge, de jolies statuettes de l'Immaculée Conception, deux médailles miraculeuses en argent, une croix et une médaille en or. Comme ces objets n'ont pas la même valeur intrinsèque, je vais les mettre en loterie, et le sort décidera à qui chaque lot plus ou moins sérieux sera dévolu. » Toutes ont applaudi à cette idée, qui a reçu à l'instant même son exécution. Le tirage de cette loterie improvisée s'est fait immédiatement, et la délivrance de chaque lot avait lieu au milieu d'une joie bruyante, dont vous avez pu entendre jusqu'ici les éclats... Qui gagnera le gros lot, c'est-à-dire la croix et la médaille d'or ? C'était là la grande préoccupation de ces jeunes filles. Au moment où le tirage de ce lot a eu lieu, il s'est fait un silence extraordinaire, chacune attendant avec anxiété le nom qui allait être pro-

clamé; une expression de désappointement s'est ma-
nifestée sur la plupart des physionomies quand
Mlle Marie a prononcé le nom d'Antoinette Vautrin.
Au lieu d'applaudir, comme on avait fait pour les
autres, il y eut quelques chuchotements, et Louise
Robichon, placée en face de Toinon, dit assez haut
pour qu'elle l'entendît! « A-t-elle de la chance, la
Grêlée! »

« Mlle Marie, qui elle aussi avait entendu le propos
et qui avait remarqué les chuchotements des autres
quand elle avait proclamé le nom de Toinon, a dit
aussitôt en regardant Louise d'un air sévère : « Qui
est-ce donc que vous appelez la Grêlée? Je sais vos
noms à toutes dès mon enfance, et je n'en connais
aucune de vous qui porte celui-là. » Toutes, à ces
mots, ont baissé les yeux; Louise, surtout, qui se
sentait sous les regards de Mademoiselle, était rouge
de confusion et n'osait répondre. Au même instant
Toinon, vivement émue de cette scène, s'est mise à
pleurer. « Je reconnais maintenant, a dit Mlle Marie,
aux sanglots de ma pauvre voisine, que c'est elle
que vous avez pris l'habitude peu charitable de dé-
signer par ce sobriquet méprisant. Je ne voudrais
pas en ce jour de fête vous adresser des reproches
qui pourraient vous attrister; je vous dirai seulement : « Si vous m'aimez comme vous me le dites, si
vous avez pour moi quelque déférence, et enfin si
vous voulez que nous restions bonnes amies et que
je vous conserve l'affection que je vous porte à toutes
dès notre enfance, cessez, je vous en prie, d'appeler

par un autre nom que le sien une de vos compagnes, qui n'a rien fait pour mériter de perdre votre estime et votre amitié, et que vous auriez dû plaindre de l'accident qui lui est arrivé, au lieu d'en faire un sujet de moquerie. Si la maladie a détruit la fraîcheur de son teint et altéré ses traits, elle n'a rien changé à la beauté de son âme ni à la bonté de son cœur, et ce sont ces qualités qui seules ont du prix aux yeux de Dieu et de la sainte Vierge ; car cette beauté est la seule vraie, la seule qui mérite l'estime du monde et la bénédiction du Ciel. Sous ce rapport, j'ai la conviction que ma chère Antoinette, a-t-elle ajouté en lui prenant la main avec effusion, est richement partagée ; aussi lui ai-je conservé, plus vive encore qu'autrefois, l'amitié que j'ai pour elle. Vous-mêmes, j'en suis persuadée, n'avez aucun reproche sérieux à lui faire, ou, si vous en avez, expliquez-vous franchement. Voyons, continua-t-elle en s'adressant à Louise Robichon : parle d'abord, toi ; c'est toi la première que j'ai entendue proférer ce nom ridicule de Grêlée. »

« Après avoir hésité un peu, pressée de nouveau avec bonté par Mademoiselle, Louise a répondu en balbutiant : « Je ne lui en veux pas ; je n'ai rien contre elle ; seulement c'est elle qui n'entend pas la plaisanterie, et qui se fâche pour cela. »

« Toutes les autres en ont dit autant.

« — Et c'est pour de pareilles niaiseries, a repris Mlle Marie, que d'anciennes amies se sont brouillées ? Vous dites qu'Antoinette n'entend pas la plaisanterie, et c'est pour cela que vous redoublez vos railleries insultantes ; mais le caractère le plus doux finirait par s'aigrir de ces incessantes taquineries. On ne se fâche pas pour une légère piqûre d'épingle faite en plaisantant ; mais quand ces piqûres se renouvellent journellement, elles fatiguent, elles irritent, surtout si, lorsqu'on témoigne du mécontentement de ce jeu de mauvais goût, celles qui se le permettent ne font que redoubler leur sotte plaisanterie. Ainsi, mes bonnes amies, veuillez me promettre qu'à compter d'aujourd'hui vous ne donnerez pas à votre compagne d'autre nom que le sien, qui est aussi l'un des miens, circonstance que je vous rappelle, afin que chaque fois que vous prononcerez ce nom vous vous souveniez de moi, et de la prière que je vous adresse aujourd'hui ; voyons, me le promettez-vous ?

« — Oui, oui, oui, ont-elles répondu tout d'une voix.

« — C'est bien, mes amies ; maintenant je vous garantis, au nom d'Antoinette Vautrin, qu'à compter aussi de ce jour elle ne conservera aucune rancune du passé, et qu'elle aura désormais pour vous toutes les mêmes sentiments d'amitié qu'elle avait autrefois, et qu'un malentendu a pu altérer pendant quelque temps, sans cependant jamais les détruire. Voyons, ma petite Toinon, ratifies-tu la promesse que je viens de faire ?

« — Oh ! de grand cœur, Mademoiselle.

« — Eh bien ! en ce cas, embrasse toutes tes an-

ciennes camarades, à commencer par Louise, pour
sceller par ce baiser votre mutuelle réconciliation.

« — Je le veux bien, et pour prouver, comme
vous venez de le dire, que je ne garde pas rancune
du passé, avant d'aller embrasser Louise, comme je
sais qu'elle désirait ardemment gagner le gros lot
qui m'est échu, je désire qu'elle l'accepte en cadeau,
comme le premier gage de notre réconciliation. » Et
en disant ces mots elle tendit à Louise, par-dessus
la table, la croix et la médaille d'or que Mademoiselle venait de lui remettre.

« Toutes les jeunes filles et nous-mêmes nous
avons applaudi aux paroles et au mouvement d'Antoinette. Louise, rouge d'étonnement et de honte
d'avoir si longtemps méconnu et blessé un cœur si
généreux, serra avec effusion les mains que lui tendait Antoinette; mais elle ne voulait pas accepter le
cadeau, disant qu'elle ne le méritait pas, car elle re-
connaissait avoir été une de celles qui avaient le
plus taquiné cette chère Antoinette. « Raison de plus,
a répondu celle-ci, pour que tu l'acceptes; cela
prouvera mieux la sincérité de notre réconciliation. »
Mademoiselle est intervenue en engageant Louise à
accepter le cadeau offert avec tant de désintéresse-
ment et d'à-propos par Antoinette; alors on s'est
levé de table; les félicitations les plus chaleureuses
ont été adressées à Antoinette par ses anciennes
camarades; Louise l'a prise par le bras, et ne l'a
plus quittée dès ce moment. Toutes les autres ont
ensuite entouré Mademoiselle, et il est question de

faire entre elles une souscription pour dédommager
Antoinette du sacrifice qu'elle a fait à la réconciliation. Mlle Marie m'a dit tout bas qu'elle avait eu
d'abord elle-même l'idée d'offrir à Antoinette ce dé-
dommagement, mais qu'elle était bien aise d'en
laisser l'initiative et le mérite à ses camarades.

« C'était là, dit en finissant Mlle Dauphin, la cause
du mouvement que vous avez remarqué, et de l'espèce de familiarité qui s'est établie entre Mlle Marie
et les jeunes paysannes ; elles délibéraient entre
elles et consultaient Mlle Marie sur ce grave sujet,
lorsque M. le baron est venu nous chercher,
Mlle Ernestine et moi. »

Mme de Monchevreuil, qui avait écouté ce récit
d'un air assez distrait, dit à Mlle Dauphin, quand
elle l'eut terminé : « Votre histoire est intéressante...
comme une idylle de Berquin. Seulement je ne con-
çois pas que des jeunes personnes bien élevées s'a-
musent de ces enfantillages, et se mêlent à ces
brouilleries et à ces raccommodements de petites
villageoises.

— Mais, ma tante, observa Ernestine, puisque
nous sommes à la campagne, il faut bien se con-
tenter des amusements qu'elle nous offre. Pour moi,
je vous avoue que j'ai pris beaucoup d'intérêt à ce
qui vient de se passer entre ces jeunes paysannes,
parce que j'y ai vu la preuve que, si elles manquent
de bonnes manières et de la politesse que donne
l'éducation, elles ont un excellent cœur et sont
douées des meilleurs sentiments. »

Mme de Monchevreuil allait répondre, quand éclatèrent les premières fusées du feu d'artifice. M. de Langeville s'avança aussitôt vers sa belle-sœur, et lui offrit la main pour la conduire au fauteuil qui lui avait été réservé sur le balcon situé en face du rond-point du jardin, où avaient été disposées les différentes pièces pyrotechniques. La reine de la fête, Marie de Langeville, après avoir fait ses adieux à ses anciennes compagnes, vint prendre place à côté de sa tante, avec Ernestine et Mlle Dauphin. Aussitôt le feu commença, et, s'il n'offrit rien de bien curieux pour les dames qui occupaient le balcon, il n'en fut pas de même pour la foule des paysans et des paysannes qui couvraient la terrasse et une partie des allées du jardin. Chaque pièce excitait leur admiration et provoquait de bruyants bravos ; mais l'enthousiasme fut porté au comble à l'apparition du bouquet, et cette fois les personnes du balcon joignirent leurs applaudissements à ceux de la foule. Du milieu d'une gerbe de fusées s'éleva tout à coup une forme lumineuse représentant la sainte Vierge ; son front était couronné d'étoiles ; des anges paraissaient la soutenir et l'enlever vers le ciel. Bientôt la lumière s'affaiblit, l'image de la Vierge disparut derrière un nuage, comme si l'*Assomption* était accomplie. Au même instant des détonations se firent entendre comme pour saluer le triomphe de la Reine des vierges, et aussitôt le monogramme de Marie, en gigantesques lettres de feu, parut à la

place d'où venait de s'élever l'image resplendissante.

Les cris de : « Vive Marie ! » retentirent de toutes
parts, et la foule se retira paisiblement en s'entre-
tenant des incidents de cette belle soirée.

CHAPITRE V

Séjour à la campagne. — Retour à la ville. — Départ
de l'*Ange gardien*.

Dès les premiers jours de leur installation au château de Langeville, Marie et Ernestine, sous la direction de Mlle Dauphin, prirent les habitudes d'une vie régulière, qui, sans avoir la stricte ponctualité de celle du couvent, avait l'avantage d'employer tous les moments de la journée d'une manière à la fois utile et agréable. Elles se levaient tous les matins à six heures, six heures et demie au plus tard ; elles commençaient leur journée par aller entendre la messe à la paroisse. Quand le temps était beau, elles faisaient à pied le trajet du château à l'église, sinon elles s'y faisaient conduire en voiture.

Après la messe, elles revenaient ordinairement

par le parc et entraient dans la maison du jardinier, où la mère nourrice de Marie et sa fille Jeannette tenaient prêtes, pour *les demoiselles,* des tasses de lait chaud et des œufs frais, qui formaient leur premier déjeuner. De retour au château, elles s'occupaient de lecture, de dessin, de musique ou de quelques travaux à l'aiguille, jusqu'au second déjeuner, qui avait lieu à midi.

C'est alors seulement que paraissait pour la première fois Mme de Monchevreuil, qui ne se levait qu'à dix heures, et qui passait deux heures à sa toilette. Dans l'après-midi, on montait en voiture pour aller faire une promenade dans les environs, ou des visites à quelques familles châtelaines du voisinage, auxquelles Mme de Monchevreuil présentait ses nièces, préludant ainsi aux grandes présentations de l'hiver suivant.

Lorsque Mme de Monchevreuil n'était pas disposée à sortir, les deux cousines, avec leur chère gouvernante, allaient, le plus souvent à pied, quelquefois en voiture, faire de longues promenades, courir dans les bois, cueillir des fleurs dans les prés; puis elles entraient dans de pauvres cabanes où elles savaient rencontrer quelque vieillard infirme, quelque pauvre malade. Elles s'informaient de leurs besoins, n'épargnaient rien pour les soulager et donnaient largement de quoi y pourvoir, en ajoutant des paroles de consolation et d'encouragement plus précieuses que leurs bienfaits.

Mme de Monchevreuil voulut blâmer dans les com-

mencements ces visites que ses nièces faisaient à de
pauvres malades; elle en parla à son beau-frère en
cherchant à lui faire craindre pour la santé de sa
fille, qui était si délicate, ses stations dans des cabanes où elle respirait un air malsain et vicié par
les miasmes qui s'échappaient du lit des malades.
« C'est, disait-elle, le fait d'une sœur de Charité, et
non pas d'une demoiselle de condition. Vous avez
établi ici des sœurs de Saint-Vincent-de-Paul; n'avez-
vous pas assez fait pour les pauvres et les malades
de cette paroisse? Est-il nécessaire que votre fille
aille les visiter, et s'expose ainsi sans nécessité à
être atteinte elle-même de quelque maladie dange-
reuse?

— Sous ce dernier rapport, répondit le baron, je
crois que nous pouvons être pleinement rassurés;
Marie ne s'est jamais mieux portée qu'à présent, et
il semble que le séjour de la campagne, ses promenades matinales, ses courses où elle respire à pleins
poumons l'air pur de nos champs, ont raffermi sa
santé d'une manière extraordinaire. Elle est devenue
presque aussi forte que sa cousine Ernestine, dont
j'ai longtemps envié pour ma fille le tempérament
robuste et la vigoureuse constitution. Les pauvres
malades qu'elle va visiter ne sont atteints d'aucune
affection contagieuse; ils ont plus besoin de consolations et de paroles encourageantes que de médica-
ments. A cet égard, sans doute, les sœurs de Charité
remplissent admirablement leurs devoirs; mais est-
ce à dire qu'elles ne laissent rien à faire à ceux qui

veulent consacrer quelques instant de leurs loisirs
au soulagement de l'humanité souffrante? Un pauvre
infirme est souvent plus touché des paroles de consolation qu'il entend de la bouche d'une personne du
monde, que de celles d'une de ces femmes dévouées
qui se sont consacrées par état au service des pauvres et des malades. La visite et le langage de celles-
ci ne le surprennent pas; il s'y attend', il y est ac-
coutumé; d'ailleurs il les regarde presque comme ses
égales, car elles se sont faites pauvres et humbles
comme lui, pour en être mieux écoutées et gagner sa
confiance. Mais voir une jeune personne riche, belle,
jouissant de toutes les aisances de la vie, quitter le
luxe de son hôtel ou de son château pour pénétrer
dans sa mansarde ou dans sa misérable cabane, lui
parler avec douceur, avec intérêt et le sourire aux
lèvres, voilà ce qui l'émeut profondément, ce qui fait
souvent couler de ses yeux des larmes d'attendrissement, ce qui enfin le réconcilie avec Dieu et l'humanité. D'un autre côté, il est bon, à mon avis, que
les jeunes personnes qui doivent jouir un jour d'une
grande fortune s'accoutument de bonne heure à voir
les misères et les souffrances, afin d'apprendre à les
soulager, et de se pénétrer de cette grande vérité,
que Dieu ne leur a pas donné les richesses pour les
employer uniquement à satisfaire leurs plaisirs et
leurs fantaisies, mais qu'elles en doivent consacrer
une partie au soulagement de ceux de leurs frères et
sœurs qui n'ont pas été aussi bien partagés qu'elles
sous ce rapport. »

Mme de Monchevreuil n'insista pas ; elle savait par expérience qu'il ne fallait pas heurter de front son beau-frère, et que, si elle voulait le contredire sur certaines choses, elle finirait par perdre sa confiance, et ne pourrait mettre à exécution les beaux projets qu'elle avait formés pour l'hiver suivant. Mais elle se dédommagea, comme d'habitude, d'avoir subi sans répliquer ce qu'elle appelait le sermon de M. de Langeville, en le tournant en ridicule dans une conversation intime avec Mlle Susanne, sa première femme de chambre et sa confidente. C'était le soir, pendant sa toilette de nuit, qu'elle se faisait ordinairement rendre compte par Susanne de tout ce qu'elle avait appris dans la journée des autres domestiques sur ce qui s'était passé au château, et sur ce qu'avaient fait et dit le baron et sa fille, Mlle Ernestine et Mlle Dauphin. C'était ainsi qu'elle avait appris la visite des deux cousines à de pauvres malades, et qu'elle avait eu l'idée d'en parler à son beau-frère ; non que dans le fond elle éprouvât les craintes qu'elle lui manifestait, mais afin que, si elle parvenait à les lui inspirer, elle pût l'indisposer contre Mlle Dauphin, qui avait mis dans la tête des jeunes personnes de faire ces ridicules et dangereuses promenades.

Car, il faut le dire avant d'aller plus loin, Mlle Dauphin était devenue la *bête noire* de Mme de Monchevreuil, qui ne pouvait lui pardonner l'influence extraordinaire qu'elle conservait sur ses deux nièces. Mlle Susanne la détestait aussi, parce que, disait-elle, elle déplaisait à sa maîtresse. Était-ce là le

4

véritable motif de la haine de cette soubrette? Non, c'était parce que la vertu offusque toujours le vice et lui inspire une basse jalousie. Or Mlle Susanne avait au moins autant de vices que Mlle Dauphin avait de vertus. Aussi la pauvre gouvernante n'était pas épargnée dans les conversations intimes de la maîtresse et de la femme de chambre. Elles ne l'appelaient entre elles que sœur Ursule, ou la béguine, ou bien le Tartufe femelle; on épiait ses paroles, ses gestes, ses moindres actions, et c'était le sujet de maints commentaires de la part de la charitable Susanne. Chaque jour celle-ci faisait son rapport à sa maîtresse, et Dieu sait comment elle savait dénaturer les choses! Cependant, quelque familiarité que Mme de Monchevreuil eût avec sa confidente, elle avait assez de bon sens pour comprendre qu'il n'y avait dans tout ce que celle-ci lui racontait d'ordinaire rien qui fût réellement digne d'altérer la confiance que son beau-frère avait dans la gouvernante de sa fille. Cependant, en apprenant les visites fréquentes que Marie faisait aux malades, elle crut l'occasion favorable de jeter l'alarme dans l'esprit de son beau-frère.

Nous venons de voir comment elle y réussit.

Après avoir raconté à Susanne la conversation qui venait d'avoir lieu entre son beau-frère et elle : « Tu vois, ajouta-t-elle, à quel point il est entiché de ses idées; aussi me suis-je bien gardée de le contredire, car c'eût été tout gâter.

— Quoi! Madame ne lui a pas même parlé de

cette odieuse béguine qui conduit ces pauvres enfants comme elle veut, les fait lever dès la pointe du jour, les traîne à l'église, et toute la journée les fatigue de chapelets et d'autres pratiques de dévotion ?

— Je m'en serais bien gardée ; mon beau-frère a là-dessus des idées qu'il ne faut pas vouloir hautement contrarier, si l'on ne veut pas tout gâter. Puisque je ne puis faire autrement, je laisse sœur Ursule user encore de son influence pendant que nous sommes à la campagne ; mais à Paris cela changera, je l'espère.

— Oh ! je l'espère bien aussi ; d'autant plus que Zéphirine, la femme de chambre de Mlle Marie, m'a dit que ces demoiselles parlaient souvent avec enthousiasme des soirées et des bals où elles seraient invitées cet hiver.

— Et que dit sœur Ursule quand mes nièces s'entretiennent de ces choses-là ?

— Oh ! elles n'en parlent jamais devant elle.

— Bon ! dit la tante, ceci est à noter. Cela me prouve qu'elles n'ont pas avec leur ancienne gouvernante un abandon absolu et sans réserve. »

La suite nous apprendra si cette réflexion était fondée ou non.

En attendant, les deux cousines continuaient leur vie régulière, et jouissaient avec délices des plaisirs de la campagne, sans s'inquiéter de ce que disaient ou pensaient Mme de Monchevreuil et sa femme de chambre. Marie voyait fréquemment ses anciennes compagnes, qui étaient devenues aussi les amies d'Ernestine et de Mlle Dauphin. Chaque dimanche elle les réunissait après vêpres, les faisait collationner au château ; puis toutes ensemble elles dansaient des rondes sur la terrasse.

Toinon Vautrin était de toutes ces réunions, et depuis le 15 août, jour de la réconciliation, rien n'était venu troubler l'accord établi entre elle et ses compagnes. Celles-ci, comme nous l'avons dit, avaient eu l'idée d'offrir à Toinon un cadeau pour la dédommager du sacrifice qu'elle avait généreusement fait de son lot en faveur de Louise. Elles remirent leur petite collecte à Mlle Marie, en la priant de choisir elle-même ce qu'il serait convenable de donner. Marie se chargea volontiers de la commission, en se réservant mentalement de compléter elle-même la somme nécessaire à l'achat de l'objet qu'elle avait en vue. C'était un joli cœur en or surmonté d'une petite croix, avec un anneau pour pouvoir le suspendre au cou. Ce cœur était creux et s'ouvrait par une charnière artistement dissimulée. Mlle Marie avait fait graver dans l'intérieur les noms de toutes celles qui avaient pris part à la souscription, avec ces mots :

A LEUR AMIE ANTOINETTE VAUTRIN
15 AOÛT 1859

Ce fut dans une de leurs réunions du dimanche que Mlle Marie remit ce cœur à Toinon, en présence de toutes les jeunes filles. Chacune applaudit à l'idée qu'avait eue Mademoiselle de faire graver leurs noms dans l'intérieur de ce bijou ; seulement quelques-unes lui firent observer qu'elle aurait dû inscrire le sien en tête, car c'était elle qui avait concouru le plus efficacement à la réalisation de ce projet.

« Oh ! je vous assure, s'écria Toinon, qui avait entendu ces observations, qu'il n'est pas nécessaire que le nom de Mademoiselle soit gravé dans ce cœur de métal ; il est gravé dans le mien en caractères ineffaçables, et ce nom y restera, je vous le jure, tant que je vivrai.

— Merci, ma bonne Antoinette, dit en riant et en l'embrassant Mlle Marie ; je reçois ton compliment avec d'autant plus de plaisir que je sais combien il est sincère. »

Depuis ce moment-là on peut dire qu'il s'était opéré dans la jeune Antoinette un changement merveilleux ; la joie de ne plus se voir un objet de mépris de la part de ses compagnes lui avait rendu toute sa gaieté ; ses yeux avaient recouvré leur vivacité spirituelle, sa bouche, son sourire intelligent, et sa figure, malgré les traces profondes de la petite vérole, s'était réellement embellie.

Enfin la mauvaise saison vint annoncer aux habitants du château de Langeville qu'il fallait bientôt songer au retour à Paris. Marie et Ernestine regrettaient leurs belles promenades sur les gazons fleuris et à l'ombre des bois touffus ; mais les gelées d'octobre avaient détruit les fleurs, des pluies torrentielles avaient défoncé les chemins et inondé les prairies, et des rafales de vent avaient dépouillé les arbres de leur feuillage. Il fallait cette fois rester au salon du matin au soir, et tenir assidûment compagnie à Mme de Monchevreuil. Celle-ci, qui paraissait aussi s'amuser fort peu à la campagne, ne témoignait pourtant aucun empressement de retourner à la ville, et lorsque ses nièces pressaient leur père de partir, Mme de Monchevreuil leur disait : « Mes enfants, le moment n'est pas encore venu ; il n'y a encore personne à Paris. Les salons ne s'ouvriront pas avant un mois à six semaines au plus tôt ; il est du plus mauvais ton d'arriver des premières. »

Enfin sonna l'heure du départ. Marie reçut les adieux de ses compagnes d'enfance, qui pleurèrent en la voyant s'éloigner de nouveau. Elle-même était vivement émue, et elle leur promit de revenir les voir aussitôt que le retour de la belle saison aurait rendu le séjour de la campagne supportable.

Le lendemain, on s'installait dans l'hôtel qu'habitait Mme de Monchevreuil ; car M. de Langeville, depuis la mort de sa femme, n'avait jamais voulu remettre les pieds dans son hôtel, qui lui rappelait de si tristes souvenirs. Pendant tout le temps que sa fille avait été en pension, il avait occupé un petit appartement dans le voisinage du couvent où elle était, afin de pouvoir la voir plus facilement. Après sa sortie de pension, il avait, d'après les conseils de sa belle-sœur, loué un grand appartement qui se trouvait vacant dans l'hôtel même qu'elle habitait. De cette manière Mme de Monchevreuil serait plus à portée de s'occuper de ses nièces, comme on en était convenu ; car Ernestine devait passer l'hiver avec sa cousine, son père étant absent pour un voyage qui se prolongerait encore au moins six à huit mois encore.

Dès qu'on fut installé, Mlle Dauphin voulut continuer de faire mener à ses élèves la vie réglée à laquelle elles avaient été habituées. Pendant les premiers jours elle les conduisit à la messe le matin de bonne heure ; puis elle voulut leur faire reprendre leurs études, leurs lectures et les différents exercices accoutumés ; mais Mme de Monchevreuil, qui depuis leur retour à Paris prenait peu à peu en main la direction de la maison de son beau-frère, surtout en ce qui concernait les deux jeunes personnes, déclara positivement à Mlle Dauphin que ses nièces n'étaient plus de jeunes pensionnaires, mais des demoiselles destinées à paraître bientôt dans le monde ; qu'elles devaient donc se défaire de ces habitudes de couvent, qui les rendaient ridicules ; en conséquence, elle engageait Mlle Dauphin à apprendre à ses élèves à se présenter convenablement en société, plutôt qu'à les fatiguer d'études et d'exercices de piété, comme si elles se préparaient encore à renouveler leur première communion.

Depuis longtemps Mlle Dauphin s'était aperçue du mauvais vouloir de Mme de Monchevreuil à son égard ; mais, forte de l'appui que lui prêtait M. de Langeville, et surtout de l'affection sincère que lui portaient ses élèves, qu'elle aimait elle-même de

toute la tendresse d'une sœur, je dirais presque
d'une mère, elle avait fait peu d'attention à maintes
tracasseries qu'elle avait eu à essuyer de la part de
Mme de Monchevreuil et de sa femme de chambre.
Mais l'ascendant que prenait de plus en plus cette
dame depuis le retour de la campagne; puis, il faut
bien le dire, les dispositions qu'elle remarquait dans
les deux cousines à suivre les conseils de leur tante,
le désir qu'elles manifestaient de paraître avec éclat
dans le monde, ce qui avait amené nécessairement
une certaine tiédeur dans les exercices de piété et
un certain relâchement dans les habitudes réglées
de la vie; tous ces symptômes avaient averti
Mlle Dauphin que son influence était considérable-
ment affaiblie, si elle n'était pas déjà tombée tout à
fait. Elle avait compris que sa présence était désormais inutile, et pourrait peut-être bientôt devenir à
charge; elle résolut donc de se retirer avant de subir
l'humiliation d'un renvoi officiel. Seulement cette
démarche lui coûtait infiniment, et elle ne savait
comment s'y prendre pour annoncer sa résolution.
La déclaration que lui fit Mme de Monchevreuil
d'avoir à préparer ses élèves à se présenter dans le
monde lui fournit l'occasion de s'expliquer nette-
ment : « Madame, répondit-elle, je ne saurais ensei-
gner à mes élèves ce que je ne sais pas moi-même; il
me serait donc impossible de prendre un engagement
que je ne serais pas en état de remplir. Je ne me
suis chargée de rester auprès d'elles que pendant le
temps de leur éducation au couvent; cette éducation

est terminée ; mes fonctions ont donc cessé avec elle. Une autre éducation va commencer pour vos nièces ; je ne saurais désormais leur être d'aucune utilité, étant complétement étrangère à la science du monde qu'elles vont étudier. Le moment est donc venu de nous séparer, et, quoi qu'il m'en coûte, ajouta-t-elle avec une émotion qu'elle s'efforçait de contenir, après dix ans... je suis toute prête à partir... »

Mᵐᵉ de Monchevreuil, enchantée d'avoir si bien réussi, n'eut garde de chercher à la détourner de sa résolution. « Je comprends, ma chère, lui dit-elle, que le parti que vous prenez vous coûte ; mes nièces elles-mêmes ne seront pas insensibles à cette séparation ; mon beau-frère vous regrettera, j'en suis persuadée, et moi, ce n'est pas sans peine que je vous verrai partir ; mais en y réfléchissant, c'est, je crois, le meilleur parti que vous ayez à prendre, et il fait honneur à votre jugement et à la fermeté de votre caractère. La pension que vous assurent mon beau-frère et mon neveu, M. de Boisfleury, vous suffira, avec vos goûts simples et modestes, pour vivre indépendante, ou, si vous désirez vous marier, pour trouver un parti convenable. » Ici, Mˡˡᵉ Dauphin fit un signe de dénégation énergique. « Eh bien ! reprit son interlocutrice, si l'état du mariage ne vous convient pas, vous pourrez, jeune encore comme vous l'êtes, trouver à faire une nouvelle éducation, et, après celle de mes nièces, il vous serait facile de choisir dans tout ce qu'il y a de mieux. Dans tous

4*

les cas et en toute circonstance, comptez toujours sur notre active protection; je dis *notre*, parce que la mienne vous est acquise autant que celles de mes nièces et de leurs pères. »

Mlle Dauphin lui adressa des remercîments polis, mais froids; puis elle se disposa à prendre congé. En la voyant près de s'éloigner, Mme de Monchevreuil lui dit avec un ton qu'elle s'efforçait de rendre bienveillant : « Écoutez, ma chère, encore un mot. Comme je crains que ces pauvres enfants ne s'affectent trop vivement si vous leur annonciez tout à coup votre départ, laissez-moi les préparer un peu à cette nouvelle. »

Mlle Dauphin, le cœur gonflé, fit signe qu'elle y consentait; puis elle se hâta de sortir, et d'aller dans l'église la plus voisine déposer au pied de la croix la douleur dont elle était oppressée. Après sa prière, son esprit étant un peu calmé, elle se rendit au couvent, et demanda si son ancienne chambre était libre, pour y venir coucher le soir même. « Celle-là ou une autre, lui répondit Mme la supérieure; vous en trouverez toujours une à votre disposition. »

Pendant ce temps-là, Mme de Monchevreuil avait annoncé en triomphe la grande nouvelle à sa femme de chambre. Celle-ci en avait fait de chaleureuses félicitations à sa maîtresse. « Vois-tu, Susanne, reprit-elle, que j'ai bien fait de ne rien brusquer? Si j'avais voulu suivre tes conseils, nous aurions peut-être réussi à la faire déguerpir pendant notre séjour à Langeville; mais il y aurait eu des pleurs, des cris, du scandale; on m'en aurait voulu; et puis là je n'avais rien sous la main à offrir à ces petites pour les dédommager des distractions religieuses et champêtres que leur procurait leur stupide gouvernante, au lieu qu'ici j'ai la toilette, les spectacles et les bals. Va me chercher mes nièces, que je leur annonce cet événement de manière à ne pas leur faire regretter trop le départ de sœur Ursule. »

Bientôt les deux jeunes filles arrivèrent. La tante leur apprit la résolution de la gouvernante, en leur donnant à entendre que celle-ci avait trouvé une place beaucoup plus avantageuse, et que c'était là le seul motif qui l'avait déterminée, malgré tous les efforts qu'elle avait faits pour la retenir.

Les deux cousines restèrent un instant comme frappées de stupeur. Marie surtout ne pouvait revenir de sa surprise. « Mais est-ce que nous ne la verrons pas avant son départ? s'écria-t-elle; est-ce qu'elle nous quitterait sans nous faire ses adieux?

— Mes enfants, répondit la tante, des adieux en pareille circonstance sont toujours pénibles de part et d'autre, et il est bon d'éviter des émotions inutiles; c'est mon système, et je m'en suis toujours bien trouvée. Mlle Dauphin l'a compris, et elle m'a chargée de vous exprimer tous les regrets qu'elle éprouvait de vous quitter; d'ailleurs, comme cette séparation devait s'effectuer dans un temps plus ou moins rapproché, il eût été inutile de la rendre plus douloureuse par des scènes d'adieux toujours émouvantes. Puis elle ne quitte pas Paris ; vous la reverrez quand vous voudrez, ou quand ses occupations le lui permettront. Maintenant, Mesdemoiselles, rappelez-vous que nous sommes invitées aujourd'hui à dîner et en soirée chez Mme la vicomtesse de Blussey ; vous n'avez que le temps de faire votre toilette. De là nous devons aller à l'Opéra, au dernier acte de *l'Étoile du Nord*. »

Quand ses nièces se furent éloignées, Mme de Monchevreuil chargea Susanne de guetter le retour de Mlle Dauphin et de lui dire, si elle demandait à voir ses anciennes élèves, qu'elles étaient sorties avec leur tante.

Susanne se chargea avec joie de la commission, et quand Mlle Dauphin rentra, la soubrette eut soin de lui répéter les paroles de sa maîtresse, de manière à lui faire bien comprendre que ces dames étaient encore à la maison, mais qu'elles n'y étaient pas pour elle.

M. de Langeville était absent depuis quelques jours, et ne devait arriver que dans une quinzaine. Mme de Monchevreuil avait profité de cette circonstance pour provoquer le départ de Mlle Dauphin. La pauvre gouvernante n'avait donc personne à qui elle pût s'adresser, pour expliquer la détermination qu'elle avait prise. Elle se résigna en soupirant, réunit à la hâte ses effets dans une malle et dans quelques cartons, fit venir une voiture de place, et se rendit tristement dans sa petite chambre du couvent.

Pendant ce temps-là les deux cousines, aidées de leurs femmes de chambre, faisaient leur toilette pour aller en soirée et au spectacle. Malgré les préoccupations que leur donnait une affaire de cette importance, elles ne laissaient pas que de parler de temps en temps entre elles du brusque départ de leur gouvernante. « C'est singulier, disait Ernestine, qu'elle nous ait quittées ainsi, sans nous avoir dit un mot pour nous prévenir de sa résolution. Je n'y puis rien comprendre; et toi, Marie?

— Ni moi non plus; je n'ose pas même y penser, car cela m'ôterait tout le plaisir que je m'attends à goûter ce soir chez Mme de Blussey et au spectacle.

— C'est comme moi; chaque fois que j'y pense cela m'attriste, et il me semble qu'il me manque quelque chose.

— Pour moi, je me figure que mon ange gardien m'a abandonnée. »

Tout en faisant ces réflexions, elles achevèrent leur toilette; puis la société qu'elles trouvèrent chez Mme de Blussey, la musique et les splendides décorations de l'Opéra changèrent le cours de leurs idées, au moins jusqu'au lendemain, où le souvenir de leur bonne gouvernante revint à leur esprit avec une nouvelle vivacité, quand elles ne l'aperçurent plus le matin, comme d'habitude, à leur réveil.

CHAPITRE VI

Le début dans le monde et ses suites.

Cependant l'absence de M. de Langeville se prolongea au delà de ses prévisions. Les affaires, qu'il croyait pouvoir terminer en quinze jours, le retinrent plus d'un mois en province. Du reste, il n'avait aucune inquiétude relativement à sa fille. Il l'avait laissée dans un état de santé florissant, se préparant à faire gaiement son début dans le monde, et à jouir des plaisirs et des divertissements qu'à Paris l'hiver offre à ceux qu'on appelle « les heureux du siècle ». Il recevait presque chaque jour de ses nouvelles, soit directement, soit par Mme de Monchevreuil. Celle-ci lui annonça le départ de Mlle Dauphin en l'expliquant comme elle l'avait fait à ses nièces. Puis, dans la même lettre, elle lui faisait part de la sensation qu'avait produite l'apparition de sa fille Marie dans deux salons où elle l'avait présentée, chez Mme la vicomtesse de Blussey et chez Mme la marquise de la Forêt. Ernestine avait été également b'en accueillie, mais son succès avait été moins brillant que celui de sa cousine. « Les invitations, disait-elle en terminant, nous arrivent maintenant de toutes parts, au point qu'il nous sera impossible de répondre à toutes. Je suis fort embarrassée pour faire un choix convenable et ne froisser personne. Dans tous les cas, vous pouvez être assuré que nos enfants n'auront pas le temps de s'ennuyer. »

Marie écrivait aussi souvent à son père, moins souvent pourtant qu'elle ne l'eût désiré; mais les occupations mondaines qui la captivaient maintenant absorbaient presque tout son temps, et la forçaient de négliger bien d'autres devoirs que celui-là.

Dans ses premières lettres elle ne parlait qu'avec enthousiasme et ravissement des fêtes auxquelles elle avait assisté. Peu à peu cet enthousiasme se calma, et au bout de trois semaines, tout en continuant de dire qu'elle s'amusait beaucoup, elle donnait à entendre que ces plaisirs, trop souvent répétés, lui causaient quelque fatigue.

Quant à Mme de Monchevreuil, son enchantement allait toujours *crescendo*. Elle ne parlait à son beau-frère que de l'effet inouï produit par Marie et sa cousine dans toutes les soirées où elles paraissaient. Un jour elle lui envoya un journal contenant un article intitulé : *Chronique de la mode et du monde fashionable,* dans lequel se trouvait le passage suivant, qu'elle avait eu soin d'entourer d'une ligne à l'encre rouge, pour le faire mieux remarquer.

« Tous les salons de la bonne compagnie sont main-
« tenant ouverts. Si l'on en juge par son début, la
« saison promet d'être une des plus brillantes que
« nous ayons eues depuis bien des années. Mme la
« vicomtesse de B***, Mme la marquise de L. F***
« ont ouvert leurs salons des premières. L'élite de
« la société s'y pressait comme d'habitude. On y a
« beaucoup remarqué deux jeunes personnes char-
« mantes qui faisaient leur apparition dans le
« monde ; quelques-uns les croyaient sœurs parce
« qu'elles portaient la même toilette, simple comme
« il convient à leur âge, mais d'un goût exquis ;
« seulement l'une, qui est blonde, avait une guir-
« lande de bluets, et l'autre, qui est brune, une
« parure de roses. Nous avons appris que ces deux
« charmantes personnes sont cousines : l'une, la
« blonde, est Mlle M... de L*** ; l'autre, Mlle E...
« de B***. Nous n'oserions pas décider à laquelle
« appartient la palme de la beauté, car toutes deux
« sont fort jolies, quoique d'un genre de beauté
« différent ; mais ce qui les met sans contredit hors
« ligne, c'est la dignité du maintien sans hauteur ni
« affectation, c'est une modestie naturelle sans
« pruderie, c'est surtout ce cachet de distinction
« qui n'appartient qu'à des personnes bien nées.
« Depuis, les *deux cousines,* comme on les appelle,
« ont paru dans d'autres soirées du monde élégant,
« et tout récemment au bal donné par l'ambassadeur
« de *** pour la fête de son souverain, et partout
« leur présence a fait sensation comme les premiers

« jours. Décidément elles sont destinées à être
« les reines de nos salons, au moins pendant cet
« hiver. »

Mme de Monchevreuil faisait à la suite de cet
article les réflexions suivantes : « Heureux père,
que n'êtes-vous témoin du triomphe de votre fille !
Hâtez-vous de revenir pour en jouir pendant qu'il
est dans tout son éclat. D'autres motifs aussi doivent vous faire presser votre retour. Comme je
l'avais bien prévu, un essaim de prétendants commence à bourdonner autour de mes deux charmantes
nièces ; je ne parle que des prétendants sérieux et
non de cette foule de jeunes fats et d'étourdis que
ma présence et le maintien décent de mes pupilles
suffiraient pour écarter si l'un d'eux avait l'audace
de les approcher. Mais un grand nombre de ceux
qui méritent réellement d'être écoutés et jugés se
sont déjà fait présenter à moi. Nos enfants, comme
vous le pensez bien, ne s'en doutent pas ; mais il est
temps que vous arriviez pour examiner par vous-
même si parmi ces prétendants vous en jugez un
digne d'être accueilli. Je vous ferai observer à cette
occasion qu'il n'est encore question que de votre
fille ; jusqu'à présent personne ne se présente pour
Ernestine, je ne sais pas pourquoi (elle le savait
bien, mais elle ne voulait pas le dire ; c'est que Marie
était beaucoup plus riche que sa cousine) ; mais une
fois la première pourvue, la seconde ne saurait tar-
der à l'être. »

Sous l'impression que lui causa la lecture de cette

lettre, M. de Langeville hâta son retour à Paris, non qu'il fût empressé d'assister au succès de sa fille, ni de juger le mérite des prétendants à sa main. « Ce triomphe, » comme l'appelait avec emphase Mme de Monchevreuil, ne lui plaisait qu'à demi. Il était surtout contrarié de cet article de journal que sa belle-sœur lui avait envoyé en croyant flatter son orgueil paternel. Quoiqu'il eût, pour ainsi dire, oublié les usages du monde, — car depuis la mort de sa femme il avait complétement cessé de fréquenter la société, — il était doué du sentiment des convenances, qui lui disait que cet éclat et cette renommée ne seyaient point à une jeune personne vertueuse ; que ce piédestal où l'on voulait l'élever était ridicule et contraire à la modestie, la plus belle parure d'une jeune fille. Il voulait, sans heurter de front les idées de sa belle-sœur, la ramener à plus de modération, et faire cesser cette espèce de fracas déplacé qui se faisait autour de sa fille.

M. de Langeville n'avait pas jugé à propos d'annoncer son départ, de sorte qu'il arriva à l'improviste, entre onze heures et midi, dans un des derniers jours de janvier. Il s'attendait à trouver à cette heure sa fille prête à se mettre à table pour le déjeuner ; il jouissait d'avance de sa surprise et des transports de sa joie ; il la voyait déjà s'élancer à son cou, lui prodiguer ses caresses, le gronder de ne l'avoir pas prévenue. Mais quelle fut sa surprise, quand sa voiture entra dans la cour de l'hôtel, de voir toutes les persiennes fermées! Un vague sentiment d'inquiétude s'empara de lui et le fit frissonner. Il se hâta de descendre, monta rapidement le perron, et arriva dans l'antichambre, où il trouva un valet de pied attaché au service de sa fille, et qui dormait sur une banquette.

« Michel! s'écria le baron en l'apercevant, où est ta maîtresse? Est-elle absente ou malade? »

Le pauvre Michel, réveillé en sursaut, ouvrit de grands yeux, et, tout en les frottant du revers de sa main, il balbutia : « Que veut Monsieur? que désire Mon...? Ah! pardon, s'écria-t-il en recouvrant ses sens, je ne reconnaissais pas monsieur le baron... C'est qu'on n'attendait pas Monsieur aujourd'hui. »

M. de Langeville, impatienté, renouvela sa question.

« Ah! pardon, Monsieur désire savoir où est Mademoiselle? Mais dans son lit, je pense.

— Comment! dans son lit à cette heure! est-ce qu'elle est malade?

— Non pas que je sache; mais Mademoiselle, ainsi que Mlle Ernestine et Mme leur tante, ont passé cette nuit au bal chez Mme la comtesse de Luceval, et nous ne sommes rentrés qu'à quatre heures du matin. Il devait être cinq heures au plus tôt quand ces dames se sont couchées, et voilà pourquoi elles ne sont pas encore levées à cette heure. »

Le baron se sentit soulagé par cette explication. Allons, se dit-il à lui-même, je m'effrayais à tort.

Je ne pensais plus que Marie, lancée maintenant
dans le tourbillon du monde, doit avoir perdu l'habitude de se lever comme autrefois, dans cette saison,
à sept heures du matin, et que, quand on a passé la
nuit au bal, il n'est pas étonnant qu'on soit encore au
lit à midi... Cependant une pareille vie doit la fatiguer horriblement, et elle m'en parlait dans une de
ses dernières lettres. « Michel! fit-il tout à coup en
élevant la voix, tu m'as dit tout à l'heure que ta
maîtresse n'était pas malade?

— Non pas que je sache, ai-je dit à Monsieur; je
ne le pense pas, puisqu'elle a passé la nuit chez
Mme de Luceval... Après ça, j'ai entendu dire ces
jours derniers par Mlle Zéphirine que Mademoiselle
avait attrapé un petit rhume en sortant du bal de
l'ambassade de ***; mais il est probable que ce rhume
est passé, puisqu'elle est retournée en soirée quatre
ou cinq fois depuis. Du reste, si Monsieur veut en
savoir plus long, je vais appeler Mlle Zéphirine, qui
peut lui dire mieux que moi ce qui en est. »

Le baron approuva cette idée, et bientôt la soubrette parut. A la vue de son maître, elle éprouva
une vive surprise et une sorte de contrainte qui
n'échappa point au baron. « Oh! c'est vous, Monsieur! s'écria-t-elle en rougissant et en s'efforçant
de sourire; Mademoiselle va être bien heureuse,
quoique bien étonnée de voir Monsieur!

— Mais comment va-t-elle, cette chère enfant?

— Très-bien, parfaitement.

— On m'a dit cependant qu'elle était enrhumée depuis quelques jours?

— Qui a pu dire cela à Monsieur? Rien n'est plus faux.

— C'est Michel, que voilà, et il a ajouté qu'il le tenait de vous.

— Michel est un imbécile (merci Mams'elle, grommela celui-ci). J'ai pu dire devant lui que Mademoiselle avait éprouvé un léger accès de toux, il y a huit ou dix jours; mais il a suffi de quelques cuillerées d'un looch adoucissant pour faire disparaître cette affection, et depuis ce temps-là Mademoiselle se porte comme un charme; à preuve que cette nuit, chez Mme la comtesse de Luceval, elle n'a pas manqué un seul quadrille ni une seule polka, sans parler du cotillon final (1), qu'elle a exécuté avec une gaieté et un entrain charmants. »

Cette preuve paraissait convaincre médiocrement le baron; Mlle Zéphirine, pour le détourner de ses réflexions, lui dit : Monsieur désire-t-il que je prévienne Mademoiselle de son arrivée?

— Gardez-vous en bien; je serais au désespoir

(1) C'est le nom d'une vieille danse, plus ancienne que le menuet, et qui est redevenue à la mode aujourd'hui dans les salons du grand monde. C'est ainsi que le jeu du lansquenet, contemporain de Louis XIII et de Henri IV, a reparu de nos jours avec une vogue toute nouvelle; on en peut dire autant des *paniers* de nos grand'mères, qui ont ressuscité sous le nom de crinolines. Nous sommes moins inventeurs en fait de modes qu'on ne pourrait le supposer, et nous tournons, pour ainsi dire, dans un cercle qui nous ramène au même point à chaque évolution.

de réveiller la pauvre enfant avant que le sommeil
eût suffisamment réparé ses forces après une nuit si
fatigante. En attendant, qu'on me fasse servir à
déjeuner dans la salle à manger, et que Baptiste
allume du feu dans ma chambre. J'y attendrai que
ma fille soit éveillée et en état de me recevoir. »

Ce qui avait causé le trouble de Mlle Zéphirine
à l'aspect de son maître, c'est que Mlle Marie était
loin d'être aussi bien portante qu'elle l'avait affirmé.
Le matin, en revenant de chez Mme de Luceval,
elle s'était plainte d'un violent mal de tête et d'une
grande douleur au côté ; de plus elle éprouvait des
frissons, une soif ardente, une toux sèche et fréquente. Mme de Monchevreuil et Ernestine, alarmées
de ces symptômes, l'avaient fait mettre au lit immédiatement, et avaient envoyé chercher le premier
médecin qu'on avait trouvé sous la main. Le docteur, après avoir tâté le pouls de la malade, et l'a-
voir interrogée sur les causes qui avaient pu occasionner cette affection, déclara que ce n'était qu'un
malaise momentané, qui céderait facilement au repos et au sommeil provoqué par une potion calmante
qu'il prescrivit.

Mme de Monchevreuil, pleinement rassurée par
cette décision du médecin, était allée se coucher,
et avait ordonné à Ernestine d'en faire autant. Zéphirine fut chargée de veiller auprès de sa maîtresse, et de lui donner une cuillerée de potion, de
quart d'heure en quart d'heure et à chaque accès de
toux, ainsi que l'avait ordonné le médecin. Mme de

Montbevreuil lui avait recommandé expressément de
ne parler à personne de l'indisposition de Mlle Marie,
qui probablement ne serait rien, et aurait complètement disparu avant l'arrivée de son père, qu'on attendait d'un moment à l'autre.

La malade avait été près de trois heures avant de
s'endormir ; enfin, vers les huit heures, soit effet
de la fatigue, soit influence de la potion soporifique
qu'on lui avait administrée, un sommeil lourd,
quoique agité, s'empara de ses sens ; et Zéphirine,
comme elle l'avait entendu dire, crut que ce repos
suffirait pour guérir complétement sa maîtresse.

Il était plus de deux heures quand elle s'éveilla.
Elle éprouvait une grande difficulté de respirer, et
sa douleur de côté n'avait fait qu'augmenter. Zéphirine lui annonça l'arrivée de son père. « Oh ! mon
Dieu ! s'écria-t-elle, moi qui étais si heureuse de le
revoir ! Quelle douleur pour ce pauvre père de me
retrouver si malade !... Car il ne faut pas se le dissimuler, Zéphirine, je suis bien malade !... » Et il
n'était pas nécessaire qu'elle l'affirmât ; l'altération
de ses traits, de son regard, et surtout de sa voix, le
dénotait suffisamment.

« Que faire ? dit Zéphirine consternée ; Monsieur
attend avec impatience depuis plus de deux heures
le moment de votre réveil ; tâchez de dissimuler le
plus possible votre malaise pour ne pas l'effrayer ;
car vous savez combien il est prompt à s'alarmer.

— Je ferai mon possible, ma pauvre Zéphirine,
pour paraître moins malade que je ne le suis ; car je

sens que mon mal s'augmenterait encore de la douleur qu'éprouverait mon père. Va vite le chercher,
et dis-lui, s'il est étonné que je ne me sois pas levée
pour aller le voir moi-même la première, que je me
sens un peu fatiguée, et que je désire rester encore
au lit quelques instants. »

M. de Langeville entra bientôt dans la chambre
de sa fille... Après l'avoir embrassée tendrement,
il lui demanda des nouvelles de sa santé ; elle
répondit en souriant qu'elle n'était pas malade ;
qu'elle ressentait seulement de légères courbatures
dans les membres, suites probables de la fatigue
de la nuit dernière, mais qu'un peu de repos aurait
bientôt fait disparaître. « Et vous, mon bon père,
ajouta-t-elle, pour tâcher de détourner la conversation, vous ne me dites rien de votre santé ni de
votre voyage? Avez-vous terminé les affaires qui
vous appelaient à Bordeaux et à Toulouse? Pourquoi ne m'avoir pas annoncé votre retour? je me
serais trouvée là pour vous recevoir, et j'aurais eu
le bonheur de vous embrasser deux heures plus
tôt. »

Son père l'examinait tristement pendant qu'elle
parlait. On voyait qu'elle faisait des efforts extraordinaires pour donner à sa voix son ton naturel, et
à ses questions un semblant de curiosité et d'intérêt,
sentiments qu'elle était loin d'éprouver ; mais, malgré ses efforts, ses paroles étaient brèves, saccadées,
et leur vivacité ne provenait que d'une animation
causée par la fièvre.

Aucune de ces remarques n'échappa au malheureux père. Se contenant lui-même de toute la puissance de sa volonté, il sourit à son tour à sa fille, lui prit la main en disant : « Voyons, ma belle malade imaginaire, que je tâte votre pouls.

— Tiens, dit-elle en continuant à sourire, vous êtes donc aussi docteur, mon père?

— Oui, mon enfant, surtout quand il s'agit de te guérir...; mais je crois, comme tu dis, que ce ne sera rien; ton pouls est légèrement agité, et tu as effectivement un peu de fièvre; voici maintenant mon ordonnance : repos absolu, parler le moins possible, et boire quelques tisanes rafraîchissantes.

— Et vous pensez qu'avec ce régime, mon bien cher docteur...

— Chut! interrompit vivement M. de Langeville; je pense qu'avant tout il faut suivre mon ordonnance, qui prescrit en premier lieu un silence absolu. Pour t'ôter la tentation de parler, je vais me retirer, et je ne reviendrai te voir que dans une à deux heures. » Il déposa encore un baiser sur le front brûlant de Marie, et sortit de la chambre.

Pendant cette courte entrevue, le père et la fille semblaient s'être concertés pour se tromper mutuellement dans une situation facile à deviner. A peine son père eut-il quitté sa chambre, que Marie s'écria : « Oh! mon Dieu! que je souffre!... Donnemoi à boire, Zéphirine. »

La soubrette s'empressa d'obéir, et quand sa

5

maîtresse eut bu, elle lui demanda : « Eh bien ! comment vous trouvez-vous maintenant ?

— Il me semble que ma poitrine se déchire.... J'étouffe !... Ah! je suis bien malade !... Heureusement mon pauvre père ne s'en dout pas... J'ai réussi à lui faire prendre le change. Garde-toi, Zéphirine, de le détromper.

— Oh! Mademoiselle peut être tranquille là-dessus. »

Hélas! le pauvre père était bien loin d'avoir pris le change. A peine avait-il contemplé le visage de sa fille déjà altéré par la maladie, qu'il avait cru y trouver une ressemblance frappante avec celui de sa mère quand celle-ci avait été atteinte du mal cruel qui l'avait conduite au tombeau.

Mon enfant est perdue! s'était-il dit aussitôt à lui-même ; et cette cruelle pensée ne cessa de le préoccuper et de pénétrer plus avant dans son esprit, quand il entendit la voix méconnaissable de la jeune malade, et surtout quand il eut touché son bras, dont la peau était brûlante et sèche, et son pouls, dont les battements durs et irréguliers annonçaient une fièvre violente. Cependant il était parvenu à maîtriser son émotion, au point de ne rien laisser paraître sur sa physionomie de ce qui le tourmentait intérieurement. Heureusement, se disait-il, la pauvre enfant ne prévoit pas toute l'étendue de son mal, et ne se doute pas de l'affreux pressentiment qui m'agite. Tâchons au moins de lui épargner cette double angoisse.

En sortant de chez sa fille, il rentra dans sa chambre, et se laissa tomber, plutôt qu'il ne s'assit dans un fauteuil. Il resta quelques secondes immobile et comme anéanti sous le poids de sa douleur ; puis, sortant tout à coup de son accablement, il sonna précipitamment pour appeler ses domestiques. Son valet de chambre et Michel, le valet de pied, accoururent en même temps. Il donna l'ordre au premier de courir à l'instant chez quatre des plus célèbres médecins de Paris dont il lui donna l'adresse, de ramener avec lui celui ou ceux d'entre eux qu'il rencontrerait, tous les quatre si cela était possible. Pour ne pas perdre de temps à faire atteler une de ses voitures, il lui dit de prendre une voiture de remise chez le loueur voisin, et de payer un double pourboire au cocher pour le faire aller plus vite. Cet ordre donné, il envoya Michel s'informer si Mme de Monchevreuil était visible.

Cette dame avait été avertie par Susanne de l'arrivée de son beau-frère, et en même temps elle avait appris que Marie était beaucoup plus mal que le matin. Elle fit aussitôt appeler auprès d'elle Ernestine, pour ne pas se trouver seule quand son beau-frère se présenterait ; car elle redoutait sa visite, qu'elle ne pouvait cependant éviter. Elle fit dire, dès qu'on lui eut annoncé que M. de Langeville désirait lui parler, qu'elle était prête à le recevoir.

Elle fut frappée, en voyant entrer M. de Langeville, de l'air de profonde tristesse et de l'abattement répandus sur sa figure. Après un échange assez froid

et assez embarrassé des compliments ordinaires, elle
ne put s'empêcher de lui dire : « Mon Dieu, Monsieur, auriez-vous été malade pendant votre voyage?
Vous paraissez souffrant, et vous êtes d'une pâleur
extraordinaire.

— Je suis étonné, Madame, que vous m'adressiez
cette question, répondit M. de Langeville d'un ton
grave et presque sévère; non, je n'ai pas été malade
en voyage; je revenais, au contraire, le cœur con-
tent et rempli d'espérance : ne m'aviez-vous pas
écrit, il y a quelques jours, en me qualifiant d'heureux père, de venir au plus tôt être témoin du
triomphe de ma fille? Je me suis hâté; j'arrive, et,
affreuse déception! au lieu de trouver mon enfant
dans cet état resplendissant que vous m'annonciez,
je la trouve gisante sur un lit de douleur, et vous
paraissez surprise du changement que vous avez
remarqué sur mon visage! »

Mme de Monchevreuil, qui s'était attendue à plus
d'emportement de la part de son beau-frère, se ras-
sura en voyant son air calme quoique profondément
triste, et elle lui répondit avec un certain aplomb :
« D'abord, Monsieur, j'ai lieu d'être étonnée de l'espèce de reproche que vous m'adressez à l'occasion de
ce que je vous ai écrit il y a sept à huit jours. Tout
le monde vous dira qu'alors Marie jouissait d'une
santé parfaite; que depuis elle a continué de se bien
porter, et que, si vous étiez arrivé seulement un
jour plus tôt, vous l'auriez encore trouvée telle que
je vous l'annonçais dans ma lettre. Est-ce ma faute à

moi si, par une fatalité que je ne pouvais ni prévoir
ni empêcher, vous arrivez juste au moment où notre
chère Marie est atteinte d'une indisposition passagère, mais dont votre tendresse s'exagère la gravité ?

— Madame, reprit le baron toujours du même
ton grave et triste, je n'ai pas eu l'intention de vous
accuser du malheur qui nous frappe, ma fille et moi ;
j'ai simplement voulu constater le contraste doulou-
reux qui existe entre ce que vous m'annonciez et ce
que j'ai trouvé à mon retour. Quant à l'état de ma
chère enfant, puissé-je m'exagérer mes craintes!
Malheureusement les symptômes que j'ai remarqués
sont trop fâcheux pour ne pas les justifier.

— Et moi je soutiens que vous vous alarmez à tort.
Vous n'êtes pas médecin, et je ne saurais accepter
comme vrais ces symptômes que vous croyez avoir
observés, tandis que j'ai pour moi l'avis d'un véritable docteur, qui a vu ce matin votre enfant, au
début même de son indisposition, et qui nous a assuré que ce n'était qu'un malaise passager, et qui
durerait au plus vingt-quatre heures.

— Comment! vous avez appelé un médecin? On
ne me l'avait pas dit, et ma fille elle-même ne m'en a
pas parlé. Je vous remercie, Madame, de cette sollicitude, et je vous prie d'excuser ce que vous avez
pu remarquer d'amer dans mon langage de tout à
l'heure.

— On pardonne tout à l'inquiétude bien légitime
d'un père. Oui, Monsieur, j'ai fait appeler un méde-

cin, ce matin même, dès que Marie s'est plainte du mal de tête et de quelques frissons, et je ne me suis couchée qu'après que le docteur m'a eu pleinement rassurée sur l'état de ma chère nièce.

— Et ce médecin, doit-il revenir ?

— Il a jugé le cas si peu grave, qu'il a dit qu'il ne reviendrait que s'il était rappelé.

— Quel est ce médecin ? je désirerais bien lui parler.

— Je ne sais pas son nom ; seulement je me suis adressée à lui parce qu'il est notre voisin, et que mon médecin habituel demeure trop loin; de plus, il était trop matin pour le faire venir à cette heure.

— N'est-ce pas M. Andral qui est votre médecin ?

— Non, c'est M. Cloquet.

— Je les ai envoyé chercher l'un et l'autre, ainsi que MM. Barthez et Désormeaux.

— Eh ! mon Dieu ! que voulez-vous faire de ces quatre docteurs ? A quoi bon pour une indisposition si légère déranger ces célébrités de la science ?

— Je ne croirai au peu de gravité de la maladie de mon enfant que quand ces messieurs auront donné leur avis; en attendant je ne veux avoir rien à me reprocher ; je désire même que le médecin qui a vu ce matin Marie soit présent à la consultation de ces messieurs, et qu'il leur fasse connaître les premiers symptômes qu'il avait remarqués, et les

prescriptions qu'il a cru devoir ordonner en conséquence.

— Je ne saurais blâmer cet excès de sollicitude
paternelle; mais j'espère bien qu'il n'aura d'autre
effet que de vous rassurer pleinement sur la santé
de votre fille, qui n'est pas plus compromise que
ne l'a été celle de sa cousine il y a une quinzaine de
jours.

— Comment! dit le baron en se tournant du côté
d'Ernestine, à qui il n'avait pas encore adressé la
parole; est-ce que vous avez été malade, ma chère
nièce? Ni votre tante ni Marie ne m'en ont parlé
dans leurs lettres.

— Oh! cela n'en valait pas la peine; j'ai éprouvé
un malaise à peu près comme celui que ressent ma
cousine aujourd'hui; mais le lendemain il n'y paraissait plus.

— Et vous voyez, ajouta Mme de Monchevreuil,
que cette maladie n'a pas laissé de traces. »

En effet, le visage d'Ernestine était frais et rosé,
et sauf un petit cercle bistré qui entourait ses yeux,
suite inévitable des fatigues de la nuit précédente,
tout annonçait qu'elle jouissait d'une excellente santé.

L'espérance succède facilement à la crainte dans
le cœur d'un père ou d'une mère. M. de Langeville se laissa donc sans peine aller à l'idée qu'il
s'était à tort et trop promptement alarmé sur l'état
de sa fille. Le calme rentra peu à peu dans son âme,
et il se mit à causer familièrement avec sa belle-
sœur et sa nièce, comme il l'eût fait en toute autre

circonstance. Mme de Monchevreuil, enchantée de voir, comme elle disait, son beau-frère plus raisonnable, se mit à lui raconter en détail toutes les soirées où avaient paru ses nièces, et les succès brillants qu'elles avaient obtenus. Elles n'en était encore qu'à la quatrième, quand sa narration fut interrompue par Susanne, qui venait annoncer l'arrivée de deux des médecins que le baron avait envoyé chercher.

Celui-ci prit aussitôt congé de sa belle-sœur, et courut les recevoir; en même temps il fit appeler le médecin qui était venu déjà le matin. Ce dernier rendit compte à ses savants confrères des remarques qu'il avait faites le matin, en ajoutant que les signes diagnostiques qu'il avait observés étaient trop peu caractérisés pour lui permettre de reconnaître la nature de la maladie.

Après ces renseignements préliminaires, les trois docteurs entrèrent dans la chambre de la malade, l'examinèrent avec attention, l'interrogèrent, et se retirèrent dans le salon voisin pour consulter. Ils reconnurent à l'unanimité que la jeune personne était atteinte d'une pleurésie aiguë des plus graves, et qu'il fallait sans perdre de temps recourir aux moyens les plus énergiques pour la sauver; encore ne pourrait-on y réussir que dans le cas où il ne surviendrait pas de complication, ce qui malheureusement était à craindre.

Malgré les ménagements dont ces messieurs usèrent pour faire connaître au père le résultat de leur con-

sultation, celui-ci ne comprit que trop bien toute l'é-
tendue du malheur dont il était menacé. Sa douleur
fut d'autant plus vive qu'un instant il avait cru voir
briller une lueur d'espérance... Maintenant il ne lui
en restait plus que dans la miséricorde de Dieu !
Cette dernière pensée l'empêcha de tomber dans
l'accablement et le désespoir. Ses sentiments religieux se réveillèrent avec une nouvelle force, comme
il arrive souvent quand on est sous le coup d'un
grand malheur. Il s'humilia devant Dieu, reconnut
la faute qu'il avait faite de ne pas veiller par lui-
même sur sa fille, et de l'avoir confiée à des mains
étrangères pour la guider dans ce dangereux dédale
qu'on appelle le monde. Après avoir prié avec ferveur, il se releva plein de courage et presque de
confiance. A compter de ce moment, il se consacra
nuit et jour aux soins que réclamait sa chère malade.
Il fit dresser un lit dans une chambre voisine, et de
là il veillait avec attention sur les femmes et les
gardes chargées spécialement d'exécuter les prescriptions ordonnées par les médecins.

Quand Mme de Monchevreuil apprit la gravité de
la maladie de sa nièce, elle en fut consternée, moins
à cause de cette gravité même que par la crainte que
lui inspiraient les récriminations de son beau-frère,
qui ne manquerait pas, pensait-elle, s'il survenait
un dénoûment funeste, de l'accuser d'être la cause
de la mort de sa fille. Elle n'avait pas voulu s'en
rapporter à ce que lui avait dit Susanne après la
consultation ; car son beau-frère ne s'était pas re-

présenté chez elle, et paraissait uniquement absorbé par les soins à donner à son enfant. Elle s'était fait conduire chez son médecin, qui non-seulement lui avait confirmé la triste nouvelle donnée par Susanne, mais avait ajouté que la maladie de sa nièce était tellement grave, qu'il la regardait presque comme désespérée, et que sur vingt cas semblables on en sauvait au plus un seul.

« Mais à quelle cause, docteur, s'écria-t-elle, attribuez-vous un mal si subit et si dangereux?

— Hélas! Madame, à la cause qui moissonne tant de jeunes existences; pour avoir cédé au besoin de se rafraîchir quand la chaleur du corps est doublement excitée par le violent exercice de la danse et par le séjour dans des salons trop échauffés. Que de fois, et je n'en ai vu que trop d'exemples, la mort s'est offerte sous la forme d'une glace savoureuse ou d'une agréable fraîcheur tombant, par une croisée entr'ouverte, sur des épaules nues, humides et brûlantes! Et ce matin, Madame, votre nièce a pris des glaces, à ce qu'elle nous a dit, à la suite d'une danse qui l'avait échauffée d'une manière extraordinaire, et de plus elle est restée quelques minutes exposée au courant d'air d'une croisée entr'ouverte pour changer l'air des salons. Il ne faut pas chercher d'autres causes à la maladie de votre nièce; quant aux suites, je vous ai fait connaître mes craintes; puissent-elles ne pas se réaliser ! »

Mme de Monchevreuil rentra chez elle toute bouleversée. Pendant le trajet de chez son médecin à son hôtel elle avait pris une résolution, et elle ne songeait plus qu'à l'exécuter. En arrivant, elle appela Ernestine et lui dit : « Ma chère enfant, ta cousine est bien malade, et nous sommes menacées d'un grand malheur...

— Oh! mon Dieu! que me dites-vous là? s'écria Ernestine en fondant en larmes. Quoi! ma pauvre Marie serait aussi malade que vous le dites! Est-ce possible, ô mon Dieu! » Et la pauvre enfant se tordait les mains dans le paroxysme de la douleur; car elle aimait tendrement sa cousine, et ce coup inattendu l'avait frappée comme la foudre.

Mme de Monchevreuil laissa passer ce premier accès; puis, quand elle vit sa nièce plus calme, elle lui dit : « Je suis aussi affligée que toi du malheur qui arrive à Marie. J'en suis même tellement affectée, qu'il me serait impossible de supporter le coup fatal qui la menace si j'en étais témoin; car les moindres émotions suffisent pour me rendre malade, et une émotion trop forte me tuerait. J'ai donc résolu de m'éloigner le plus promptement possible de ce théâtre de douleur, qui me serait certainement fatal, sans que ma présence puisse être d'aucune utilité à notre chère malade, et j'ai résolu en même temps de t'emmener avec moi.

— Quoi! ma tante, s'écria Ernestine en redoublant ses sanglots, vous voulez que je me sépare de ma chère Marie dans un pareil moment! Oh! non! non, n'exigez pas cela de moi.

— Écoute, ma fille, pas d'enfantillage. Tu sais

que quand j'ai pris une résolution, ce n'est jamais à la légère, et que l'exécution la suit toujours de près. Si M. de Langeville était encore absent, certes, quoi qu'il m'en eût coûté, je n'aurais pas abandonné sa fille; mais il est revenu, et c'est à lui seul que ces soins appartiennent désormais. Maintenant, toi, tu restes seule confiée à ma charge par ton père; que dirait-il si, par ma faute, tu allais être atteinte de la même maladie que ta cousine? Et cela pourrait bien arriver si je te laissais sous le même toit respirer le même air qu'elle; car cette funeste maladie est souvent contagieuse chez les jeunes personnes, le médecin me l'a dit (il ne lui en avait pas dit un mot, et elle-même ne croyait pas plus à la contagion qu'à l'Alcoran). Une circonstance particulière donnera à notre éloignement une cause sérieuse, et en quelque sorte nécessaire. Ton père, dans sa dernière lettre, nous annonce qu'il espère débarquer à Marseille dans un mois à six semaines au plus tard, et il manifeste le désir, si cela était possible, de t'embrasser en mettant le pied sur la terre de France, après un si long voyage. Eh bien, mon enfant, nous allons partir pour Marseille dès ce soir, et nous y resterons jusqu'à l'arrivée de ton père. Pendant ce temps-là, la maladie de Marie se terminera d'une manière ou d'une autre. Tu pourras en avoir tous les jours des nouvelles, soit par son père, soit par Mlle Dauphin, qui, à ce que j'ai entendu dire à Susanne, a été invitée par M. de Langeville à revenir auprès de sa fille, pendant sa maladie. »

Force fut à Ernestine de céder aux arguments et à l'autorité de sa tante, qui représentait, en effet, pour elle l'autorité paternelle. Tout ce qu'elle put obtenir, ce fut la permission de faire ses adieux à sa cousine. Hélas! il est douteux que la pauvre Marie comprît ce que lui dit Ernestine; elle était dans un état de somnolence et d'abattement tel qu'à peine put-elle reconnaître sa cousine. Celle-ci se retira la mort dans l'âme. M{ʰe} Dauphin, qui effectivement était accourue au premier appel de M. de Langeville, chercha à la consoler et à lui inspirer un espoir qu'elle n'avait sans doute pas elle-même; elle promit en outre de lui donner le plus souvent possible des nouvelles de leur chère malade.

M. de Langeville ne fut nullement contrarié du départ de sa belle-sœur; il regretta l'éloignement d'Ernestine, dont la présence aurait pu être parfois un sujet de consolation pour sa fille; mais il trouva tout naturel que Mme de Monchevreuil l'emmenât avec elle.

Le soir du second jour de la maladie de Marie, Mme de Monchevreuil et sa nièce s'embarquèrent à neuf heures par le train *express* pour Lyon.

CHAPITRE VII

CORRESPONDANCE

Ire LETTRE

MARIE DE LANGEVILLE A ERNESTINE DE BOISFLEURY
SA COUSINE

Paris, ce 20 mars 1860.

Enfin, ma chère Ernestine, il m'est permis de t'écrire. Ma main tremble bien encore un peu, et mes doigts sont loin d'aller aussi vite que mes pensées. C'est égal, pourvu que tu me lises, cela me suffit. Il m'est si doux de m'entretenir avec toi, sans intermédiaire, qu'il me semble que cela suffira pour achever ma guérison. Car, il faut bien l'avouer, je ne suis pas encore guérie, quoique bonne amie te l'ait écrit il y a huit à dix jours. Il me reste un rhume opiniâtre dont je ne puis me débarrasser ;

on me fait espérer que le printemps me l'enlèvera, et c'est aujourd'hui le premier jour de cette belle saison ; mais, Dieu ! qu'il est triste ! Je n'ai jamais vu de jour plus maussade depuis que je commence à me lever. Il fait un vent glacial de nord-ouest, avec accompagnement de giboulées et de coups de soleil. Tu me diras si votre printemps de Marseille n'est pas plus beau que celui de Paris ; pour moi, je le crois, et je tourmente mon père pour aller te rejoindre... Oh ! quel bonheur ce serait !... Mais on a conseillé à mon père de me mener à Nice, parce que le climat de cette ville est plus doux, et n'est pas exposé aux ravages du mistral comme la côte de Provence. Dans ce cas, il est vrai, nous passerions par Marseille, et j'aurais toujours le plaisir de t'embrasser ; toutefois ce voyage n'est pas encore décidé, ou du moins l'époque n'en est pas fixée. On attend pour cela que j'aie repris assez de forces pour supporter la fatigue d'une si longue route, et malheureusement je sens que ces forces ne reviennent guère vite.

Je ne te parlerai pas de ma maladie : mon ange gardien à moi, notre bonne amie à toutes deux, Mlle Dauphin, en un mot, t'en a fait connaître toutes les phases, à mesure qu'elles se déroulaient, beaucoup mieux que je ne pourrais le faire moi-même. C'est une chose singulière à quel point j'ai oublié les deux à trois semaines qu'a duré le plus fort de mon mal. J'ai entendu dire que j'ai été en grand danger, que pendant un jour ou deux on a désespéré

de moi ; eh bien, je n'ai pas la moindre idée de ce
danger ; je n'ai pas même autant souffert qu'avant et
depuis. Bien plus, j'ai été administrée, je me suis
confessée, j'ai reçu le saint viatique et l'extrème-
onction ; je m'en souviens très-bien, et cependant
je reconnais que dans ce moment-là j'avais à peine
la conscience de ce que je faisais... Oh! mon Dieu!
que serais-je devenue si dans cet état vous m'eussiez
appelée à paraître devant vous? Ce n'est que depuis
que j'ai eu recouvré la plénitude de ma raison que
j'ai compris combien il est important pour le chrétien de se tenir toujours prêt à répondre à l'appel
qui peut sonner à toute heure et quand on s'y attend le moins. Aussi, depuis ma convalescence, je
me suis hâtée de réparer cette fatale négligence, et
j'ai bien promis de ne plus m'exposer au danger que
j'ai couru.

Mais c'est assez parler du passé, causons un peu
de l'avenir. Mon père a décidé, si je ne suis pas
encore assez forte le mois prochain pour entre-
prendre le voyage du Midi, de me conduire à Langeville. Il pense, et les médecins sont aussi de cet
avis, que pendant la belle saison rien ne me sera
plus salutaire que de respirer cet air que je puis
bien appeler mon air natal, puisqu'il est celui de
ma première enfance, et que tout le temps que j'ai
habité ce pays je m'y suis admirablement portée.
Pour moi, cette idée me sourit beaucoup, car j'aime
par-dessus tout le séjour de Langeville. Mon imagination me remet sans cesse devant les yeux ces

jardins, ces prairies, ces bois où nous avons fait
ensemble de si délicieuses promenades. Te rap-
pelles-tu, ma bonne Ernestine, ces jeux, ces fêtes
champêtres auxquels nous prenions une part si
joyeuse? Quelle différence avec les fêtes et les bals
du grand monde auxquels nous avons assisté cet
hiver! Si nous éprouvions quelques fatigues de nos
courses et de nos promenades, nous n'en avions que
meilleur appétit; nous dormions toute la nuit d'un
meilleur sommeil; et le lendemain, au lieu d'être
harassées, alourdies, nous nous levions plus fraîches,
plus heureuses et toutes prêtes à recommencer. Puis
jamais nous ne commencions notre journée sans
avoir fait avec recueillement notre prière du matin
et sans avoir assisté à la messe; alors le temps
s'écoulait gaiement, paisiblement, avec régularité,
et le soir nous nous endormions avec calme, sans
regrets et sans remords. Quelle différence avec les
plaisirs et les joies du monde dont j'ai eu le malheur
de goûter! Dans les commencements, j'ai éprouvé,
il est vrai, en paraissant dans les salons, en me
voyant l'objet d'hommages et de prévenances de la
part de tout le monde, j'ai éprouvé, dis-je, une
sorte d'enivrement, de délire, de folie. Mais cela n'a
pas duré longtemps, et au fond de cette coupe en-
chanteresse je n'ai bientôt trouvé qu'amertume et
dégoût. Toutes mes habitudes se sont trouvées chan-
gées, confondues; mon existence, jusque-là si régulière, était devenue un désordre épouvantable. Je
me couchais le matin, presque à l'heure où j'avais

autrefois l'habitude de me lever. Ma prière... était-
ce celle du soir ou celle du matin qu'il fallait faire?
car la première était en retard, et l'heure de la seconde était arrivée. Mais, accablée de sommeil et de
fatigue, je ne faisais ni l'une ni l'autre, et je me
couchais en me contentant d'un simple signe de
croix, et quelquefois en récitant un *Pater* et un *Ave,
Maria*. Et puis, que me restait-il dans l'esprit et
dans le cœur à la suite de ces fêtes splendides, de
ces bals enchanteurs? Un vide affreux, un engour-
dissement général de l'âme et du corps, un profond
dégoût, un vif désir de ne jamais m'y retrouver.

Si je me plaignais à ma tante de cette vie fatigante, si j'ajoutais que je lui aurais préféré la vie
paisible et régulière que je menais auparavant, elle
me répondait : « Que veux-tu, mon enfant, c'est un
des inconvénients de la condition sociale dans laquelle tu es née. Destinée par ta naissance et par ta
fortune à vivre dans le monde, il faut bien que tu
apprennes à le connaître, et que tu en subisses les
exigences. Je ne sais cependant pas de quoi tu as à
te plaindre; on ne voit pas une jeune personne plus
recherchée que toi; dans les soirées et dans les bals,
tu ne peux répondre à toutes les invitations qui te
sont adressées, tu danses du commencement à la fin,
et tu parais t'amuser beaucoup. Si par suite de cet
exercice continuel tu éprouves quelque fatigue, ce
n'est pas étonnant; ce n'est que le défaut d'habitude;
cela produit toujours cet effet chez les débutantes;
mais on s'y accoutume bientôt. »

Si je témoignais quelque regret de ne plus remplir comme auparavant mes devoirs religieux, elle me disait : « Ma chère, il y a temps pour tout. Les salons ne seront ouverts que jusqu'au carnaval; alors les bals et les soirées cesseront; arrivera le carême, temps de pénitence, où tu pourras reprendre ta vie régulière et tes exercices de piété, pour te préparer à faire tes pâques! »

J'ai accepté cette explication ou plutôt cette transaction. J'ai cherché à m'étourdir, à m'enivrer plus que jamais de ces folles joies du monde, en me disant : Plus tard je m'occuperai de mon salut. Mais Dieu m'a frappée au milieu de mon ivresse et de ma folie; il m'a ouvert les yeux; j'ai compris tout le mensonge, toute la vanité de ces prétendus arrangements entre les devoirs des chrétiens et les obligations qu'impose le monde, et j'ai reconnu dans toute son étendue cette grande vérité proclamée par l'Évangile : « L'homme ne peut pas servir deux maîtres. »

Maintenant ma résolution est bien prise; car si la maladie a affaibli mon corps, elle a donné à mon âme une force et une énergie nouvelles; oui, ma résolution est prise, je renonce à tous les plaisirs, à toutes les vanités du monde, qui sont incompatibles avec les devoirs d'une chrétienne.

Tu vas peut-être trouver que ma lettre dégénère en sermon, ou croire que j'ai eu l'intention de t'adresser indirectement des conseils; non, non, ma chère Ernestine, je n'ai point cette prétention; tout ce que je viens de te dire est le résumé des pensées qui remplissent mon âme, qui la débordent et qui s'en échappent, pour ainsi dire, malgré moi. Et à qui puis-je mieux les confier qu'à toi, l'amie de mon enfance, la confidente de mes plus secrets sentiments? C'est comme pour ce que je t'ai dit tout à l'heure de ma tante, je n'ai pas eu la moindre idée de lui adresser un reproche. Je sais combien elle m'aime, combien elle désire mon bonheur; si elle a parlé comme elle l'a fait, c'était de bonne foi et dans de bonnes intentions, à son point de vue. Élevée et habituée à vivre dans le monde, elle m'a tenu le langage du monde, parce qu'elle n'en connaît pas d'autre.

J'aurais encore bien des choses à te dire, mais mes doigts et mes yeux se fatiguent à écrire plus longtemps; tu auras de l'indulgence pour la première lettre d'une convalescente, dont les idées sont encore un peu décousues, dont la tête est encore bien faible, mais dont le cœur t'aime toujours avec autant de force et de vivacité que jamais.

IIᵉ LETTRE

DE LA MÊME A LA MÊME

Paris, ce 2 avril.

Ta lettre, ma chère Ernestine, m'a fait le plus grand plaisir. Tu as raison de me plaisanter, et

d'attribuer à mon cerveau encore malade l'idée que
j'avais pu supposer un instant que tu te serais for-
malisée de quelques passages de ma lettre. Connaissant ta bonté, ton indulgence, ton affection pour
moi, je ne sais pas comment pareille idée a pu
m'entrer dans la tête. Ma lettre était à peine partie,
que je me suis repentie d'avoir voulu justifier mon
intention, comme si j'avais pu douter un instant de
l'interprétation que ton cœur saurait leur donner;
mais il était trop tard. Du reste, ta réponse est
trop aimable pour me faire regretter de l'avoir pro-
voquée.

Je suis heureuse d'apprendre que tu attends ton
père par le premier paquebot venant d'Alexandrie.
Je comprends et je partage tout le bonheur que tu
éprouveras en embrassant ce père chéri, après une
si longue séparation et un voyage si lointain. Mais
ce qui m'enchante surtout, c'est que tu me laisses
entrevoir l'espoir de venir avec lui passer une partie
de la belle saison à Langeville. Quels beaux rêves
cet espoir, tout vague qu'il est, m'a déjà fait faire!
Il n'en faudrait pas davantage, je crois, pour avan-
cer ma guérison. Elle en a grand besoin, car elle va
bien lentement. Cependant je la crois en bonne voie;
j'ai meilleur appétit, je dors mieux; mais mes forces
ne reviennent pas vite, et j'ai toujours à me délivrer
de ce maudit rhume qui ne veut pas me quitter.
Mon père s'en inquiète plus que moi; cela me cha-
grine, et tous mes efforts pour le rassurer sont inutiles. Il a pourtant l'air de dire comme moi, de

partager mon espoir; mais je vois qu'au fond il n'en est rien; aussi je soupire plus vivement après ma guérison pour lui rendre la tranquillité que pour mettre fin à mes propres souffrances.

Mon voyage de Nice est définitivement abandonné, ou du moins ajourné jusqu'à l'hiver prochain, si d'ici là ma santé n'était pas complétement rétablie. J'espère bien que ce voyage ne sera pas nécessaire, et que le séjour de Langeville suffira pour achever mon rétablissement, surtout si j'ai le bonheur de t'y posséder et que nous puissions recommencer avec bonne amie nos promenades de l'année dernière. Mon père a l'intention de partir du 15 au 20 de ce mois, si le temps continue à être doux et beau comme il l'est depuis quelques jours. Nous avons formé, bonne amie et moi, un charmant projet qui me sourit beaucoup : c'est de célébrer à Langeville le mois de Marie avec toute la pompe qu'il nous sera possible de lui donner dans cette localité. Mais, pour rendre les cérémonies plus solennelles, il faudrait que tu vinsses en relever l'éclat avec ta voix si pure et si mélodieuse. Bonne amie et toi vous feriez entendre ces beaux cantiques de Saint-Sulpice que nous écoutions avec tant de ravissement ces années dernières à la chapelle du couvent. Je n'ose pas dire que je mêlerai ma voix à la vôtre, comme dans ces temps-là, car ma voix a été sinon brisée, tout au moins fortement fêlée par ma maladie, et je n'ose espérer que dans un mois elle soit revenue à son état naturel.

Mes anciennes compagnes du village, à qui j'ai fait part de nos projets, en sont enchantées. Ce sont elles qui se chargeront d'apporter chaque jour les fleurs nécessaires pour parer l'autel et la chapelle de la sainte Vierge. « Elles veulent, m'écrivait dernièrement Jeannette, que cela soit aussi beau, si ce n'est plus beau qu'à Paris. »

A propos de ces braves jeunes filles, je t'avouerai que je les aime et que je m'intéresse à elles plus que jamais, depuis surtout que j'ai pu en faire la comparaison avec le très-grand nombre des demoiselles du monde. Sans doute celles-ci, sous le rapport de l'éducation, de l'instruction, des bonnes manières, du ton, du langage, ne sauraient être comparées aux autres. Mais, hélas! je n'ai été que trop à même de le juger, souvent cette éducation brillante, ces dehors séduisants, ce langage flatteur, ne sont qu'un vernis brillant qui recouvre et cache les plus vilains défauts. Que de fois j'ai entendu déchirer à belles dents celle qu'on venait d'embrasser! Que de traits perfides lancés sous le masque de la plus exquise politesse! Puis, dans les conversations les plus innocentes, quelle frivolité! Quand elles ne roulaient pas sur la médisance, c'était la toilette qui en faisait le fond. J'ai entendu pendant des heures entières discuter sur la forme d'un chapeau ou la couleur d'un ruban. J'en étais assommée. Plus d'une fois une partie de mes soirées s'est trouvée ainsi partagée entre le scandale et l'ennui.

Je n'avais rien à craindre de pareil avec mes

bonnes paysannes. Si elles n'ont pas pour elles la délicatesse du langage, si leurs manières sont rudes et mêmes grossières, au moins elles ignorent l'art de déguiser leurs pensées; elles s'expriment avec franchise, et disent sans détour ce qu'elles ont sur le cœur. Je ne veux pas dire par là qu'elles sont sans défauts; qui peut se flatter d'en être exempt? Nous l'avons vu à l'occasion de ce qui s'est passé dans l'affaire d'Antoinette Vautrin. Les autres avaient pris *en grippe*, pour me servir de leur expression, cette pauvre fille qui ne le méritait guère. Elles l'assaillaient de quolibets et de plaisanteries déplacées : c'était mal, fort mal sans doute; mais au moins elles ne cherchaient ni détours ni déguisements pour rendre leurs sarcasmes plus amers; elles les lui lançaient brutalement à la face, et la pauvre Toinon ne savait se défendre qu'en pleurant ou en rendant injure pour injure. Tu sais avec quelle facilité nous sommes parvenues à faire rougir les unes de leur injustice, et à disposer l'autre au pardon et à l'oubli; tu te rappelles en quelle circonstance et de quelle manière s'est opérée cette réconciliation, dès le lendemain de notre arrivée à Langeville; eh bien, toute trace de cette animosité a disparu, et l'union la plus parfaite n'a pas cessé un seul instant de régner entre elles. A cette occasion je vais te citer quelques passages d'une lettre que j'ai reçue ces jours derniers de Toinon, de la pauvre *Grêlée;* tu les liras, j'en suis sûre, avec plaisir, parce que tu y verras l'expression simple et naturelle de sentiments vrais. Je copie tex-

tuellement, sans changer un seul mot, me permet-
tant seulement de corriger quelques fautes d'ortho-
graphe.

« Mademoiselle, ce nous est un grand honneur
« que vous ayez eu la bonté de nous annoncer
« votre arrivée pour le mois prochain. Nous serons
« toutes bien heureuses de vous revoir, et nous
« prions Dieu qu'il vous ramène en aussi bonne
« santé que quand vous nous avez quittées. Ç'a été
« pour nous un bien grand chagrin quand nous
« avons appris votre maladie. C'est M. le curé qui
« l'a annoncé le dimanche en chaire à toute la
« paroisse, en demandant des prières pour vous.
« Oh! si vous saviez combien cela nous a fait de
« peine! on n'entendait que des sanglots dans toute
« l'église, comme si l'on avait appris la maladie de
« sa mère ou de sa sœur. Au sortir de la messe,
« nous toutes, vos anciennes compagnes, nous nous
« sommes réunies chez Mme Dubreuil, notre an-
« cienne maîtresse, pour avoir des détails sur votre
« maladie. Elle ne nous en a pas dit grand'chose,
« sinon que vous aviez une pleurésie; que les mé-
« decins désespéraient presque de vous, et qu'il n'y
« avait que le bon Dieu, le maître de la vie et de
« la mort, qui pouvait vous sauver. Là-dessus elle
« nous a conseillé de commencer sur-le-champ une
« neuvaine à la sainte Vierge, votre toute-puissante
« patronne, et de la prier avec ferveur d'intercéder
« auprès de son fils pour obtenir votre guérison.
« Nous avons fait comme elle nous a dit; nous avons

« prié de tout notre cœur, et, quand notre neu-
« vaine a été terminée, nous avons appris que vous
« étiez hors de danger. Vous dire quelle a été notre
« joie, cela ne m'est pas possible. Seulement nous
« avons recommencé une autre neuvaine pour re-
« mercier la sainte Vierge d'avoir exaucé nos prières,
« et pour la conjurer de vous rendre tout à fait à la
« santé... »

Crois-tu, ma chère Ernestine, qu'on ne soit pas
heureuse de se sentir aimée à ce point par des cœurs
si simples, si purs, si dévoués? Pourrais-je jamais
rencontrer dans le monde une amitié aussi vraie,
aussi désintéressée? J'ai pleuré d'attendrissement en
lisant ce passage de la lettre d'Antoinette, et mes
yeux se mouillent encore de larmes en te le transcri-
vant. Je vais encore te donner quelques autres frag-
ments de ces lettres; cela t'aidera à former ton
jugement sur le compte de cette jeune fille. Après
m'avoir donné des nouvelles de ses compagnes, elle
ajoute :

« ... Pour ce qui est de moi en particulier, je
« vous dirai, Mademoiselle, que je suis heureuse
« maintenant plus que je ne l'ai jamais été, et c'est
« à vous que je dois ce bonheur, car sans vous je
« serais encore la *bête noire* de toutes mes anciennes
« camarades; aujourd'hui, grâce à vous, je suis
« devenue l'amie intime de toutes et de chacune en
« particulier. Dès que l'une d'elles a quelque peine,
« quelque embarras, vite elle vient me le confier ;
« forme-t-on un projet, on vient me consulter ; c'est

« toujours Toinon par-ci, Toinon par-là; on dirait
« qu'on ne peut rien faire sans moi. La lettre que
« vous nous avez écrite l'autre jour portait, comme
« de juste, en tête le nom de Jeannette, votre sœur
« de lait; le mien ne venait qu'après, puis celui de
« Louise et des autres; c'était naturellement Jean-
« nette qui aurait dû conserver cette lettre; eh
« bien, toutes ont décidé que c'est moi qui la gar-
« derais en dépôt, et que j'en ferais une copie pour
« chacune d'elles. Je ne le voulais pas, parce que
« je voyais que cela contrariait Jeannette; mais
« celle-ci a déclaré qu'elle se réunissait à l'avis de
« ses compagnes, et qu'elle se contenterait d'une
« copie comme les autres. Seulement elles m'ont
« chargée de vous faire la réponse au nom de toutes,
« et voilà, Mademoiselle, pourquoi j'ai pris la liberté
« de vous écrire ces lignes, en vous priant d'excuser
« mon griffonnage, et de vouloir bien recevoir l'as-
« surance de mon respect et de mon dévouement. »

Elle ajoute en post-scriptum « qu'elles ont appris
« avec le plus grand plaisir mon projet de célébrer
« le mois de Marie à Langeville, et qu'elles me se-
« conderont de leur mieux pour rendre cette solen-
« nité digne de celle qui veut bien y présider, digne
« surtout de celle qui en sera l'objet. »

Crois-tu, ma chère Ernestine, que si cette fille
avait reçu une éducation plus soignée, elle serait
déplacée au milieu de bon nombre de demoiselles qui
se croient bien au-dessus d'elle parce qu'elles sont
nées dans une condition plus relevée?

IIIe LETTRE

DE LA MÊME A LA MÊME

Paris, ce 15 avril.

O ma bien-aimée, ma toute chérie, je t'écris aujourd'hui sous l'impression du coup le plus affreux!... Dans ma dernière lettre je te parlais de l'espoir prochain de ma guérison; eh bien, cet espoir n'existe plus... Je suis condamnée à mort..., oui, condamnée, entends-tu bien?... Je viens de lire ma sentence... Mais comme ces paroles peuvent te paraître étranges, incompréhensibles, peut-être même produites par un accès de folie passagère, je vais te raconter sérieusement, froidement, ce qui m'est arrivé; puis après tu jugeras.

Je t'ai dit dans ma dernière que mon père était plus inquiet que moi-même sur mon état, et que je m'efforçais en vain de le tranquilliser. Depuis quelques jours, son inquiétude semblait encore augmenter, au point que je commençais à craindre pour sa santé. J'en parlai à bonne amie, qui essaya de me rassurer en me disant que je me faisais illusion, que mon père ne lui paraissait nullement changé comme je le disais, et que s'il se montrait plus sérieux, cela était sans doute occasionné par les ennuis d'un procès qu'il avait à soutenir. Ces explications me parurent embarrassées; il me sembla même que bonne amie avait aussi quelque peine

secrète qu'elle voulait me cacher. Cependant je n'in-
sistai pas ; peut-être me trompais-je, peut-être se
passait-il quelque chose que je ne devais pas savoir.
Je me décidai à attendre, et si ce mystère continuait
encore quelque temps, je résolus d'en parler franchement à mon père. Ce matin, il n'était pas venu,
comme à l'ordinaire, s'informer de mes nouvelles et
me souhaiter le bonjour. Cela m'inquiéta ; je m'en-
veloppai d'un peignoir, et je courus dans sa chambre. Je n'y trouvai que Michel, qui achevait de faire
l'appartement. Il me dit que mon père était sorti
de très-bonne heure, mais qu'il ne tarderait pas à
rentrer, car il avait donné rendez-vous à quelqu'un
pour neuf heures précises. Il était neuf heures moins
dix. « En ce cas, dis-je, je l'attendrai ici. »

Michel sortit. Je m'assis dans le fauteuil de mon
père, placé entre la cheminée et sa table de travail.
Je jetai machinalement les yeux sur cette table, où
étaient plusieurs livres épars. Au milieu du bureau
s'en trouvait un, tout ouvert, que mon père venait
probablement de lire à cet endroit; car un morceau
de papier plié en deux était placé entre les deux
pages, comme pour les retrouver facilement si l'on
venait à fermer le livre. Je le pris sans réflexion et
sans autre intention que d'y jeter un coup d'œil pour
me distraire et passer le temps. J'en parcourus
quelques lignes sans savoir, pour ainsi dire, ce que
je lisais, quand tout à coup mon attention fut atti-
rée par une note manuscrite écrite en marge de la
main de mon père à côté de quelques passages

qu'il avait soulignés. Cette note ne contenait que ces
mots : « Ce sont bien là les symptômes que je crois
« avoir remarqués ; consulter à ce sujet les docteurs
« C... et R... » Je regardai alors le titre du volume :
c'était un livre de médecine, ouvert à un article
qui traitait de la *phthisie*. Le premier passage souli-
gné par mon père était ainsi conçu : « La phthisie
« est caractérisée par la toux, la gêne de la respi-
« ration, les crachats muqueux et purulents, la
« fièvre lente, l'amaigrissement extrême et la fai-
« blesse du corps. » Un frisson me parcourut tous
les membres à cette lecture : Mon père ne s'est pas
trompé, me dis-je, c'est bien là ce que j'éprouve.
Alors je me mis à lire l'article d'un bout à l'autre.
Il y avait des passages écrits en termes techniques
que je ne comprenais pas ; mais il y en avait un
grand nombre d'autres qui n'étaient que trop clairs
et trop faciles à comprendre ; par exemple celui-ci,
qui décrivait les symptômes extérieurs que présente
cette maladie : « Le nez est effilé, les pommettes
« sont saillantes, et leur coloration tranche sur la
« pâleur de la face ; les joues sont caves, les lèvres
« rétractées... » Hélas ! je n'ai qu'à me regarder
dans une glace, et je ne puis méconnaître que c'est
là mon portrait. Plus loin, l'auteur parle de la
marche générale de la phthisie, qu'il divise en trois
périodes. J'ai déjà dépassé la première, et je suis
arrivée à la seconde, si je ne suis pas entrée dans la
troisième. La description qu'il donne des symptômes
caractéristiques de cette maladie est si claire et si

conforme à ce que je ressens, qu'il m'est impossible de m'y tromper. « Alors, dit-il, la toux devient « vive et fréquente, la fièvre lente se déclare le « soir, et se termine par des sueurs à la poitrine; « les crachats sont muqueux, parfois mélangés de « pus ou de sang; l'amaigrissement augmente pro- « gressivement, les digestions deviennent laborieu- « ses, quoique l'appétit soit en général assez pro- « noncé; il survient alors de graves perturbations « dans les phénomènes de la respiration, qui déno- « tent une lésion profonde des poumons. » Je ne pousserai pas plus loin ces citations, dont la justesse et la précision m'ont frappée; car elles expriment mieux que je n'aurais pu le faire moi-même, mieux que n'ont pu l'observer ceux qui ne peuvent sentir ce qui se passe en moi, tout ce que j'éprouve depuis ma fatale maladie, qui n'a été que la cause pre- mière de l'autre maladie plus lente qui me consume en ce moment, et qui me conduit au tombeau par une route si régulière, que je puis en quelque sorte calculer la durée du temps qu'il me reste à vivre.

Ainsi la voilà révélée la cause de cette sombre inquiétude de mon père, de cet embarras que je re- marquais depuis quelques jours chez cette tendre amie, ce bon ange gardien, qui m'aime comme sa fille et que j'aime comme une mère. Tous deux se sont entendus sans doute pour me cacher la fatale vérité.

J'ai relu deux fois ces pages funestes qui con- tiennent, comme je disais en commençant, mon arrêt de mort.

Je suis restée quelques instants comme anéantie;
puis, craignant que mon père ne rentrât et ne s'a-
perçût de la fatale découverte que j'avais faite, j'ai
remis le livre à sa place, tout ouvert, comme il
était. Je me suis hâtée de rentrer dans ma chambre ;
j'ai pleuré quelques instants en silence ; puis, sen-
tant le besoin d'épancher ma douleur dans le cœur
d'une amie, je t'ai écrit cette lettre toute confiden-
tielle ; car je ne veux pas que mon pauvre père se
doute que je sais tout, et je n'ose pas en parler à
bonne amie, qui me gronderait peut-être bien fort
de ce qu'elle appellerait mon imprudente curiosité.

Par moments, je me révolte contre ce que j'appelle
ma condamnation, je voudrais élever des doutes
sur sa certitude ; peut-être ai-je mal lu ou mal compris un livre qui n'est écrit que pour les hommes de
la science ; peut-être ces symptômes ne se rappor-
tent-ils pas exactement à moi ; mais à peine ces
doutes ont-ils pris quelque consistance dans mon
esprit, qu'un accès violent de toux vient me déchirer la poitrine, et me ramène à la triste réalité ; un
coup d'œil jeté sur mon miroir me montre, em-
preints sur mon visage, les signes caractéristiques
de l'épouvantable maladie qui me dévore.

Comprends-tu, ch're amie, toute l'horreur de
ma situation ! Me sentir pleine de vie et de jeunesse,
me voir entourée d'êtres qui me sont chers et qui
me chérissent, comblée des biens de la fortune et
de tout ce qui peut m'assurer le bonheur de l'existence, et mourir !... mourir !... Oh ! que cette

pensée est amère !... Plains-moi, chère amie ; prie pour moi, car ma tête se perd et le désespoir me gagne... Adieu !

IVe LETTRE

DE LA MÊME A LA MÊME

Paris, ce 16 avril.

Pardonne-moi, ma chère Ernestine, la lettre que je t'ai écrite hier et l'affliction qu'elle t'a trop sûrement causée. Je ne veux pas que tu conserves plus de ving-quatre heures l'impression qu'elle a dû produire sur toi, et surtout la mauvaise opinion qu'elle a dû te donner de mon courage et de mes sentiments religieux ; car la nouvelle que je t'annonçais eût-elle été vraie, était-ce une raison pour m'abandonner au désespoir comme je l'ai fait ?

A ce début, je t'entends t'écrier tout d'abord : « Elle était donc fausse, cette prétendue sentence irrévocable dont tu m'as si fort effrayée ? » Avant que je te réponde, écoute ce qui s'est passé depuis hier.

Un quart d'heure après avoir fait porter ma lettre pour toi à la poste, bonne amie est entrée dans ma chambre, et m'a trouvée encore tout en larmes. Elle m'a demandé ce que j'avais, ce qui m'était arrivé. J'ai essayé d'abord de dissimuler, de dire que je n'avais rien ; mais le bouleversement de mes traits démentait mes paroles. Alors elle s'est mise à pleurer elle-même, elle m'a embrassée avec effu-

6*

sion, elle m'a parlé avec cette tendresse touchante
que tu connais; si bien que je n'ai pu résister à ses
larmes et à ses caresses, et que j'ai fini par tout
avouer. Elle ne m'a pas grondée, comme je m'y
attendais; elle ne m'a reproché ni mon indiscrétion
ni ma coupable curiosité; mais elle m'a fait sentir
mon imprudence de m'être abandonnée si facilement
à des appréciations qui ne pouvaient manquer
d'être erronées, puisque je manquais des connaissances indispensables pour en juger la justesse ou
la fausseté, et que ceux mêmes qui possèdent ces
connaissances, c'est-à-dire les praticiens les plus
habiles, n'osent rien affirmer de positif sur de pareilles données, ou, s'ils affirment, se trompent le
plus souvent. « La lecture des livres de médecine,
a-t-elle ajouté, est, pour ceux qui ne font pas une
étude spéciale de cette science, une lecture des plus
dangereuses. Éprouvent-ils la moindre indisposition, ils se croient aussitôt atteints de toutes les
maladies dont ils ont lu la description dans leurs
livres; si quelqu'un de ceux qui leur sont chers est
souffrant, leur imagination, excitée par ces lectures
malsaines, leur exagère son état, et leur fait voir
une maladie mortelle là où il n'y a souvent qu'une
affection passagère et sans danger. Voilà ce qui est
arrivé à vous, ma chère Marie, et, je dois vous l'a-
vouer, à M. votre père, qui a voulu consulter aussi
lui-même les livres de médecine sur votre position.
Cette lecture a produit sur lui l'effe..dont je parlais
tout à l'heure, et telle est la cause de l'inquiétude

mystérieuse que vous avez remarquée en lui depuis quelque temps. Il m'a communiqué ses craintes; je les ai combattues par le même motif que je viens de vous exposer; mais, comme mes arguments pouvaient bien n'avoir pas une autorité suffisante à ses yeux, je l'ai engagé à consulter les docteurs C... et B..., qui sont, comme vous savez, les médecins ordinaires du couvent où vous avez été élevée. Outre que ces messieurs jouissent d'une réputation méritée, il y a une circonstance particulière qui doit inspirer la confiance pour ce qui vous concerne, c'est que pendant dix ans ils ont été chargés de vous donner des soins chaque fois que vous avez été indisposée, qu'ils vous ont vue grandir, et qu'ils ont étudié votre tempérament depuis votre enfance jusqu'à votre jeunesse. M. votre père a goûté cet avis, et il est parti ce matin de bonne heure pour se rendre chez ces messieurs, tandis que moi-même je suis allée au couvent pour prier ces dames, quand l'un d'eux viendrait faire sa visite, de vouloir bien l'envoyer chez M. de Langeville. Voilà le motif de la sortie matinale de M. votre père et de la mienne; et c'est pendant ce temps-là que vous avez eu la fatale idée de lire ce malheureux livre trouvé sur sa table. Mais, ma chère Marie, avant de vous livrer, comme vous l'avez fait, à une affliction déraisonnable et presque voisine du désespoir, comment n'avez-vous pas eu la pensée de vous adresser à Dieu, de lui exposer vos peines, vos doutes, vos inquiétudes? Il vous aurait répondu

sur-le-champ : « Ma fille, n'oubliez pas qu'un seul
« cheveu ne peut tomber de votre tête sans ma per-
« mission; que moi seul ai fixé le nombre de vos
« jours, et que toute la science humaine ne saurait
« marquer le terme que je leur ai assigné. Ayez
« donc confiance en moi qui ne trompe jamais, et
« non dans la science des hommes qui n'est que
« vanité. »

Ma bonne amie, en prononçant ces paroles, avait
un accent inspiré qui m'a pénétrée jusqu'au fond de
l'âme; c'était bien cette fois la voix de mon ange
gardien qui parlait à mon cœur. Je me suis jetée
dans ses bras, et je lui ai dit : « Oh ! oui ! j'ai eu
tort, j'en conviens; mais aussi pourquoi m'avez-vous
abandonnée? Oui, j'aurais dû recourir à Dieu, mais
il n'est jamais trop tard de s'adresser à lui, et, si
vous le voulez, nous allons prier ensemble.

« — Bien volontiers, ma chère enfant, » m'a-t-elle
dit en m'embrassant.

Puis nous nous sommes mises à genoux, et nous
avons prié avec ferveur. Après quelques minutes
d'oraison, je me suis relevée plus calme que je ne
l'étais avant d'avoir fait cette fatale lecture.

Quelques instants après, mon père entra dans ma
chambre avec le docteur C***. Bonne amie voulait
se retirer : « Restez, lui dit mon père, vous êtes,
M. le docteur et vous, d'anciennes connaissances;
d'ailleurs c'est moins comme médecin que comme
ami qu'il vient nous voir. » Mon père, en disant ces
mots, avait l'air beaucoup moins soucieux que les

jours précédents. Cela me fit du bien, et acheva de faire disparaître toutes les traces de ma profonde tristesse du matin.

Tu connais le docteur C***, tu sais combien il est spirituel et gai, à ce point que nous ne l'appelions jamais que le docteur *réjoui;* eh bien, chère amie, jamais il ne m'a paru si spirituel et si gai qu'hier. Pendant plus d'une heure qu'il est resté à causer avec nous, il nous a constamment tenu l'esprit éveillé par ses aperçus fins et ingénieux, par ses saillies piquantes, entremêlées de réflexions sages et judicieuses, quoique toujours présentées sous une forme enjouée. Sa conversation m'a constamment amusée et intéressée; bonne amie et moi nous avons ri de bon cœur, et ce qui m'a surtout charmée, c'est qu'il a eu l'art de dérider mon pauvre père et de lui faire partager notre hilarité. Bonne amie a amené, je ne sais comment, la conversation sur cette question : Quel est le degré de certitude des pronostics tirés de tels ou tels symptômes pour prévenir la marche et l'issue d'une maladie?

« Oh! Mademoiselle, s'est écrié le docteur en riant, vous me proposez là une question énorme, dont la réponse pourrait fournir plus d'un gros volume. Si j'étais dans ma chaire de l'École de médecine, je vous ferais là-dessus une dissertation qui durerait deux heures, et encore n'aurais-je pas épuisé la matière; mais vous n'auriez pas la patience de m'écouter jusqu'au bout, parce que je serais forcé de me servir de termes techniques et scientifiques que vous ne comprendriez pas. Je vais donc tâcher de résumer ma réponse en peu de mots. La médecine est un art, ou, si vous le voulez, une science toute conjecturale. L'expérience de ceux qui nous ont précédés et notre propre expérience à nous-mêmes nous ont appris que tels ou tels symptômes annonçaient, non pas infailliblement, mais probablement, tels ou tels résultats fâcheux ou salutaires; et, dans ce cas, le praticien s'attache à combattre les uns et à seconder les autres. Mais combien d'erreurs et de déceptions se produisent tous les jours! Tel individu condamné à mort par toute la faculté, et à qui la science donnait au plus deux à trois jours à vivre, guérit contre toute attente, et fournit ensuite une longue carrière. Tel autre, dont on croyait la guérison assurée, glisse, pour ainsi dire, entre les mains du docteur désappointé, et meurt au moment où celui-ci s'y attendait le moins. Moi qui vous parle, j'ai été appelé dans le temps du choléra pour donner des soins à un pauvre diable de commissionnaire de mon quartier, qui était atteint de cette cruelle maladie à un degré qui paraissait incurable. Après plusieurs visites et l'emploi des remèdes les plus énergiques usités en pareil cas, je me retirai en déclarant à sa famille que le malade n'avait pas une demi-heure à vivre. Quinze jours après, et quand j'avais oublié cet homme, que je croyais enterré depuis longtemps, je le retrouvai au coin de la rue où il stationnait habituellement, nonchalamment assis sur ses crochets et attendant la

pratique. Il se leva en me voyant, et, ôtant respectueusement sa casquette, il me dit : « Ah! monsieur
le docteur, vous m'en avez sauvé d'une belle. Excu-
sez-moi si je n'ai pas encore été vous remercier ;
c'est que l'ouvrage ne va pas fort, et j'attendais
d'avoir gagné de quoi vous payer vos visites. — Vous
ne me devez rien! » m'écriai-je en rougissant, car
j'étais honteux de la reconnaissance de cet homme
que j'avais condamné et abandonné ; « c'est Dieu qui
vous a guéri, et non pas moi ; c'est à lui seul que
vous devez adresser vos remerciments. » De tout
cela vous pouvez conclure que les pronostics de la
science médicale ressemblent, dans beaucoup de cas,
à ceux que nous tirons de certains phénomènes mé-
téorologiques, pour connaître d'avance s'il fera beau
ou mauvais temps. Si le vent est à l'ouest, si le baromètre baisse, nous sommes menacés de pluie ; si,
au contraire, le vent souffle du nord-est, si le baromètre monte, le temps, dit-on, sera beau. Eh bien!
combien n'arrive-t-il pas souvent qu'il pleut à verse
avec le vent au nord-est et le baromètre très-élevé,
tandis que le ciel est sans nuage avec un vent d'ouest
ou de sud-ouest et un baromètre qui indique la
grande pluie?

— On pourrait encore, reprit bonne amie, tirer
une autre conclusion de ce que vous venez de nous
dire : c'est que la médecine est une science à peu
près inutile, puisqu'elle ne peut pas toujours prévoir
le mal ou y porter le remède.

— Oh! non pas, non pas, Mademoiselle, s'écria

vivement le docteur; entendons-nous, s'il vous plaît;
de ce que la science médicale n'est pas une science
exacte comme les mathématiques, il ne s'ensuit pas
de là qu'elle soit une science inutile. Je ne veux
pas entrer ici dans l'énumération des circonstances
où son intervention est utile, indispensable même,
cela nous mènerait trop loin; je vous parlerai seulement de son influence nécessaire sur l'imagination des malades : car, sachez-le bien, le nombre
des malades imaginaires est beaucoup plus grand
qu'on ne le croit, ou du moins le nombre de ceux
dont la maladie est aggravée par l'imagination. Je
pourrais en citer mille exemples; je me bornerai à
un seul. Vers le même temps où le commissionnaire
dont je vous ai parlé était attaqué d'un violent choléra, la femme d'un notaire, mon voisin, fut atteinte
d'une légère cholérine. Je fus appelé. Je la trouvai
bouleversée parce que, me disait-elle, elle avait le
vrai choléra. Je fis ce que je pus pour la rassurer;
elle parut se tranquilliser, et au bout de deux jours
il y avait un mieux sensible dans son état. Quand j'y
retournai le troisième jour, je la trouvai dans un état
d'exaltation indicible. « Ah! docteur, s'écria-t-elle,
vous m'avez trompée; pourquoi ne m'avoir pas dit
la vérité? C'est le choléra, le vrai choléra asiatique
dont je suis attaquée. » J'essayai en vain de la cal-
mer, je ne pus y parvenir. Ne comprenant rien à son
trouble, j'allai aux informations, et j'appris qu'elle
avait lu une brochure sur le choléra, comme il en
paraissait tant alors, brochure qu'une de ses amies

avait eu l'imprudence de lui prêter. Je tentai alors de détruire l'effet produit par cette maudite lecture ; mais ce fut peine perdue. De bénigne qu'elle était, la maladie prit un caractère de plus en plus grave, et la malade succomba victime de son imagination, et non du choléra.

— Comment ! dit mon père, l'imagination peut produire de si terribles effets ?

— Certainement, reprit le docteur ; il y a une telle alliance entre notre âme et notre corps, tant qu'ils restent réunis, qu'ils exercent l'un sur l'autre une influence extraordinaire. Si le corps est malade, l'âme souffre, et réciproquement ; le médecin devra donc s'attacher à guérir l'âme de son malade en même temps qu'il s'occupera de la guérison de son corps. »

Je m'arrête ici, ma bonne cousine, parce que je ne veux pas remplir ma lettre de toutes les histoires, de toutes les anecdotes, de toutes les dissertations dont s'est composée la conversation du docteur. Je t'ai reproduit seulement ce qui semblait avoir le plus de rapport avec ma position. Était-ce par hasard ou d'accord avec lui que bonne amie avait amené la conversation sur ce point ? Je n'en sais rien, et je n'ai pas besoin de le savoir. L'essentiel, c'est que je reconnais la justesse de ces assertions, et que les décisions de la médecine ne sauraient être considérées comme des oracles infaillibles. Ce n'est pas que pour cela je me croie à l'abri de tout danger ; mais je suis revenue de l'effroi que j'ai éprouvé hier matin. J'ai passé une nuit très-calme après tant d'agitation, et aujourd'hui je t'écris, comme tu vois, dans des dispositions bien différentes de celles dans lesquelles j'étais hier. Que veux-tu, c'était un mouvement de révolte irréfléchi, dont je demande pardon à Dieu et à toi, ma toute chérie, qui as dû en être péniblement affectée.

Nous partons dans deux jours pour Langeville, et c'est probablement de cette résidence que sera datée ma première lettre.

Vᵉ LETTRE

DE LA MÊME A LA MÊME

Langeville, ce 25 mai.

Tu as su, ma chère Ernestine, par les lettres de bonne amie, que j'étais retombée malade en arrivant ici. Maintenant je vais un peu mieux, et j'en profite pour t'écrire, après en avoir toutefois obtenu la permission du médecin, qui ne me l'a accordée qu'à condition que ma lettre serait très-courte, et que je l'écrirais en plusieurs fois.

Maintenant, ma bonne cousine, nous ne pouvons plus nous faire d'illusion, ou plutôt je ne m'en suis jamais fait depuis un mois. Je sais que je n'ai pas longtemps à vivre; mais cette idée, loin de me causer l'effroi et le désespoir qu'elle m'a occasionnés quand elle est venue m'assaillir pour la première fois, me trouve toute calme et toute résignée à la volonté de Dieu. Je puis dire que la pensée de la mort m'est devenue en quelque sorte familière ; chaque jour je consacre une méditation à ce sujet, et je pense que cette pratique est on ne peut plus salutaire pour tous les chrétiens : au point que je voudrais la continuer quand même je reviendrais pleinement à la santé, quand je serais assurée que ma vie dût se prolonger jusqu'au delà de soixante ans.

Je te dis cela, ma chère Ernestine, parce que, dans tes dernières lettres, tu m'engageais à rejeter loin de moi ces idées de mort, à les repousser comme de mauvaises pensées, inspirées par l'esprit tentateur. Eh bien ! sais-tu, ma bonne cousine, ce qui m'a inspiré ces pensées, ce qui m'a engagé à méditer sur la mort ? c'est ce passage d'un sermon de Massillon que j'ai lu après mon ridicule accès de folie du 15 avril. Permets-moi de te le mettre sous les yeux, car je l'ai appris par cœur.

« Nous la portons tous en naissant dans notre
« sein. Il semble que nous avons sucé dans les en-
« trailles de nos mères un poison lent, avec lequel
« nous venons tous au monde, qui nous fait languir
« ici-bas, les uns plus, les autres moins, qui finit
« toujours par le trépas. Nous mourons tous les
« jours ; chaque instant nous dérobe un moment
« de notre vie et nous avance d'un pas vers le tom-
« beau. Le corps dépérit, la santé s'use, tout ce qui
« nous environne nous détruit ; les aliments nous
« corrompent, les remèdes nous affaiblissent, ce
« feu spirituel qui nous anime au dedans nous con-
« sume, et toute notre vie n'est qu'une longue et

« pénible agonie. Or, dans cette situation, quelle
« image devrait être plus familière à l'homme que
« celle de la mort? Un criminel condamné à mourir,
« quelque part qu'il jette les yeux, que peut-il voir
« que ce triste objet? Et le plus ou le moins que
« nous avons à vivre fait-il une différence assez
« grande pour nous regarder comme immortels sur
« la terre? »

Ces réflexions, qui s'adressent à tous les hommes,
m'ont frappée, parce qu'elles semblaient s'appliquer
à moi d'une manière toute particulière.

Je voudrais, ma chère Ernestine, que tous ceux
qui me sont chers et qui m'aiment acceptassent
comme moi le sacrifice de ma vie. Le seul regret
que j'éprouverai en mourant, c'est de penser au
chagrin que mon père, toi et Mlle Dauphin, vous
éprouverez de me quitter. C'est pourquoi je voudrais dès aujourd'hui vous familiariser tous avec
l'idée de ma mort; je t'assure qu'elle n'aurait alors
rien d'amer pour moi. Après tout, qu'est-ce que
c'est que cette séparation qui vous afflige tant? D'ici
à quelques années, ce qui veut dire un instant, nous
serons tous réunis dans le sein de Dieu pour l'éternité. Est-ce la peine de s'affliger pour une séparation passagère, quand le bonheur éternel nous attend
tous ensemble?

J'ai entendu des personnes, Mme Dubreuil entre
autres, et mes anciennes compagnes, qui me plai-
gnaient de mourir si jeune et dans la possession de
tous les avantages de la fortune et de la naissance.

Et où serait le mérite du sacrifice que je ferais à Dieu, si j'étais vieille, infirme, accablée de misère et de douleur? Mais, en pareil cas, la mort est un bienfait... Elle en est un aussi pour moi, si Dieu daigne l'accepter en expiation de mes fautes; dans tous les cas, je dois l'accepter non-seulement avec résignation, mais même avec reconnaissance, car il sait mieux que moi ce qui me convient; et s'il juge à propos de me retirer à présent de cette vie, c'est pour mon plus grand bien qu'il le fait.

Je t'ai dit un mot de mes anciennes compagnes. Hélas! les pauvres enfants, qui étaient si joyeuses de faire le mois de mai avec moi, ont bien pleuré en apprenant que je ne pouvais pas assister aux cérémonies. Bonne amie m'a remplacée, et chaque jour elle me racontait des traits touchants de ces bonnes filles.

———

VIᵉ LETTRE

DE LA MÊME A LA MÊME

Langeville, 20 juin.

Je profite du retour d'un peu de force pour t'écrire ces quelques lignes, les dernières probablement que ma main pourra tracer. Je m'affaiblis de jour en jour, et je m'éteindrai d'un moment à l'autre comme une lampe qui manque d'huile. Si mon corps dépérit et se meurt, mon âme jouit, Dieu merci, de la plénitude de ses facultés. Je puis donc prier Dieu, penser à lui et à tout ce qui m'est cher, comme je le faisais quand je jouissais d'une santé complète. Ainsi tu peux être assurée que jusqu'à mon dernier moment ton souvenir restera gravé dans mon cœur.

Je ne puis t'en écrire plus long. Adieu, chère et bonne cousine; au revoir dans le ciel.

VIIe LETTRE

Mlle DAUPHIN A Mlle ERNESTINE DE BOISFLEURY

Langeville, ce 16 août.

Mademoiselle,

D'après ce que je vous écrivais dans ma dernière lettre du 10 courant, vous deviez bien vous attendre que ma prochaine vous annoncerait la délivrance de notre chère Marie de sa prison terrestre. Ne la pleurons pas, ne la regrettons pas, car c'est une sainte que nous avons dans le ciel; cherchons à l'imiter et à mériter de mourir comme elle, c'est le vœu que j'adresse à Dieu pour vous et pour moi.

Il y a quelque chose de miraculeux dans ce fait que son existence ait pu se prolonger si longtemps encore après sa rechute en arrivant à Langeville. Elle demandait en grâce à la sainte Vierge de la faire mourir le jour de sa fête. Eh bien, ce vœu a été exaucé. Hier matin, elle me dit à son réveil : « Bonne amie, j'ai fait cette nuit un rêve admirable et qui me rend bien joyeuse. J'ai vu la sainte Vierge et ma mère qui me faisaient signe de venir à elles. Ma mère était plus belle que le beau portrait qui est dans le salon, et la sainte Vierge était si resplendissante de lumière, que je ne pouvais contempler son visage. Ma prière a été exaucée ; c'est aujourd'hui que j'aurai le bonheur de me réunir à elles. »

Elle s'est de nouveau confessée, a reçu la sainte communion en présence de ses anciennes compagnes et des gens du château qui fondaient en larmes. Elle s'est ensuite entretenue en particulier avec son père, qui, préparé dès longtemps à ce coup fatal, paraissait l'accepter avec résignation.

Le soir, au moment où la cloche sonnait le salut, son âme a quitté son corps et s'est envolée vers le ciel.

J'ai passé la nuit en prières auprès de son lit, avec sa sœur de lait Jeannette et Antoinette Vautrin, qui sont inconsolables. Avec la permission de son père, j'ai coupé une mèche de ses cheveux, dont j'ai fait quatre parts, une pour vous, une pour moi, et les deux autres pour les jeunes filles qui ont veillé avec moi.

Ce sont des reliques que nous conserverons précieusement.

Prions pour elle, afin qu'elle prie pour nous.

Votre amie dévouée,

Ursule DAUPHIN.

FIN

TABLE

—

CHAPITRE I. — Le bouquet de fête.   7

—   II. — Le baron de Langeville   19

—   III. — Mme de Monchevreuil, Ernestine de Boisfleury, Mlle Ursule Dauphin, ou la tante, la
cousine et la gouvernante.   35

—   IV. — La fête de Marie.   53

—   V. — Séjour à la campagne. — Retour à la ville.
— Départ de l'*Ange gardien.*   69

—   VI. — Le début dans le monde et ses suites . .   86

—   VII. — Correspondance   110

6505. — Tours, impr. Mame.

www.ingramcontent.com/pod-product-compliance
Lightning Source LLC
Chambersburg PA
CBHW071952110426
42744CB00030B/925